中国—东盟
旅游服务贸易格局及协同竞争效应研究

刘 庆 著

Zhongguo—Dongmeng
Lüyou Fuwu Maoyi Geju Ji
Xietong Jingzheng Xiaoying Yanjiu

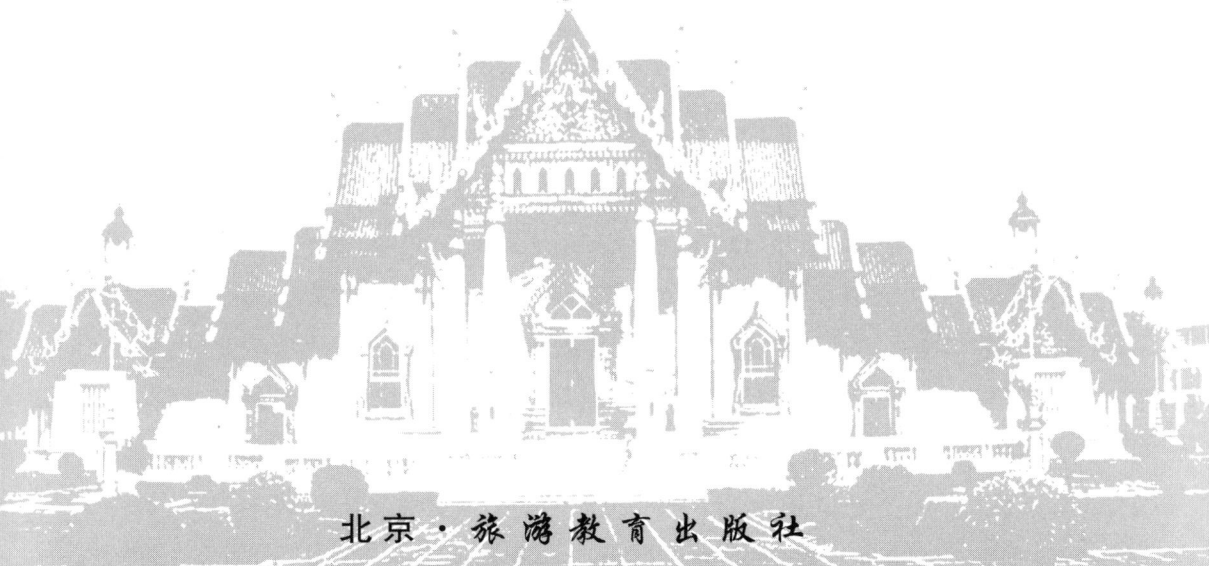

北京·旅游教育出版社

图书在版编目（CIP）数据

中国—东盟旅游服务贸易格局及协同竞争效应研究 / 刘庆著. -- 北京：旅游教育出版社, 2024. 11.
ISBN 978-7-5637-4777-1

Ⅰ. F592.68；F593.368

中国国家版本馆CIP数据核字第20245EJ245号

中国—东盟旅游服务贸易格局及协同竞争效应研究

刘 庆 著

策　　划	李荣强
责任编辑	安颖侠
出版单位	旅游教育出版社
地　　址	北京市朝阳区定福庄南里1号
邮　　编	100024
发行电话	（010）65778403　65728372　65767462（传真）
本社网址	www.tepcb.com
E‑mail	tepfx@163.com
排版单位	北京旅教文化传播有限公司
印刷单位	唐山玺诚印务有限公司
经销单位	新华书店
开　　本	700毫米×1000毫米　1/16
印　　张	12
字　　数	137千字
版　　次	2024年11月第1版
印　　次	2024年11月第1次印刷
定　　价	78.00元

（图书如有装订差错请与发行部联系）

前　言

当前全球旅游服务贸易规模正在急剧扩大，旅游服务贸易作为世界服务贸易的重要类型之一，成为推动全球贸易增长的重要"引擎"，服务贸易格局、竞合效应已经成为一个国家发展贸易优劣的重要评判标准之一。中国—东盟自由贸易区在经济全球化背景下建立，此后，中国—东盟旅游服务贸易迅速发展。目前中国经济进入高质量发展阶段，旅游服务贸易在国民经济中的地位正在进一步上升。新形势下中国—东盟旅游服务贸易格局如何？中国和东盟主要国家之间的协同竞争效应是怎样的？本书在研究并回答上述问题的基础上，进一步提出促进中国—东盟旅游服务贸易协调发展的对策建议。

本书运用核心—边缘理论、服务贸易理论、协同理论等相关理论，采用社会网络分析方法对中国—东盟旅游服务贸易网络格局及影响因素进行分析，对比评价中国与东盟各国的旅游服务贸易竞争力水平，找出影响旅游服务贸易竞争力的重要因素，分析中国—东盟旅游服务贸易的协同竞争效应。本书就中国—东盟旅游服务贸易格局协同发展提出以下对策建议：第一，积极推进中国—东盟自由贸易区建设，在自贸区内推进健康有序发展的旅游服务贸易关系，共筑中国—东盟旅游共同体；第二，中国和东盟各国政府间构建互动与贸易稳定机制，提升旅游服务贸易参与能力，拓宽筹集资金渠道，加大投资力度；第三，中国和东盟各国旅游行业企业着力提高基础设施建设改善旅游合作环境，引导旅游服务贸易的价值链向高端延伸，借助数字经济打造旅游发展新模式；第四，中国着力提升自身旅游服务贸易竞争力，与东盟各国携手扩大开放交流，共同激发创新活力，促进互利合作，中国与东盟旅游服务贸易合作将进一步协调发展。

目 录

第一章 绪 论 ·· 1
  第一节 选题背景及意义 ·· 1
  第二节 研究内容及框架 ·· 5
  第三节 研究方法及技术路线 ··· 8
  第四节 创新点和不足 ·· 10

第二章 相关概念和相关研究进展 ·· 13
  第一节 概念内涵梳理 ·· 13
  第二节 国内外相关研究进展 ··· 17
  第三节 研究述评 ··· 24

第三章 理论基础与理论分析框架 ·· 26
  第一节 理论基础 ··· 27
  第二节 理论分析框架 ·· 41
  第三节 本章小结 ··· 44

第四章　中国—东盟旅游服务贸易发展现状与基本特征 …… 45

- 第一节　东盟旅游服务贸易现状 …… 45
- 第二节　中国旅游服务贸易发展现状 …… 47
- 第三节　中国—东盟旅游服务贸易基本特征 …… 53
- 第四节　本章小结 …… 57

第五章　中国—东盟旅游服务贸易的网络结构及其影响因素 …… 58

- 第一节　数据来源 …… 59
- 第二节　数据分析方法说明 …… 60
- 第三节　整体网络结构及中心性测算 …… 63
- 第四节　网络中心性测度 …… 66
- 第五节　影响中国—东盟旅游服务贸易网络结构的因素分析 …… 72
- 第六节　本章小结 …… 76

第六章　中国与东盟各国旅游服务贸易国际竞争力比较 …… 78

- 第一节　旅游服务贸易竞争力评价体系的构建 …… 79
- 第二节　中国与东盟各国旅游服务贸易国际竞争力比较分析 …… 83
- 第三节　中国和东盟各国旅游服务贸易竞争力影响要素比较分析 …… 94
- 第四节　中国旅游服务贸易国际竞争力影响要素分析 …… 105
- 第五节　本章小结 …… 110

第七章　中国与东盟各国旅游服务贸易的协同竞争效应 …… 112

- 第一节　数据来源与研究方法 …… 113
- 第二节　基于 TC 变量的 VAR 模型测度 …… 116
- 第三节　基于 RCA 变量的 VAR 模型测度 …… 130

　　　　第四节　主要结论 …………………………………………… 146
　　　　第五节　本章小结 …………………………………………… 148

第八章　中国—东盟旅游服务贸易格局特点和协同发展对策建议 ………… 150
　　　　第一节　中国—东盟旅游服务贸易发展中的格局特点 …………… 150
　　　　第二节　中国—东盟旅游服务贸易协同发展对策 ………………… 154

第九章　研究结论与展望 …………………………………………… 166
　　　　第一节　研究结论 …………………………………………… 166
　　　　第二节　研究展望 …………………………………………… 168

参考文献 ………………………………………………………………… 171

第一章

绪　论

第一节　选题背景及意义

一、研究背景

世界贸易组织于 2019 年 10 月 9 日发布了《2019 年全球贸易报告》，里面提到 2005 年以来世界服务贸易额年均增长 5.4%，高于货物贸易的 4.6%。鉴于贸易成本的降低和远程交易的增长，未来服务贸易在全球贸易中所占的比重将越来越大。服务贸易可以显著促进各国经济增长，优化资源配置，创造就业岗位，增强企业竞争力并增加发展的包容性，各国应该加强国际合作来应对未来的贸易发展趋势。当前服务业已经占全球经济总量的 60% 以上，逐渐成为世界经济结构的重心。在发展中国家，2/3 以上的工作来自服务业，而在发达国家这个比例超过了 4/5。与服务业快速发展相适应，各国服务业对外贸易日益扩大。在世界贸易组织公布的 2020 年版世界贸易统计数据中，2019 年世界服务贸易总额达到 589 800 亿美元，其中旅游服务贸易总额

14 160亿美元。由中华人民共和国商务部研究院发布的《全球服务贸易发展指数报告2020》显示，2017年至2019年中国服务贸易发展指数排名连续4年保持在全球第二十位，在发展中国家排在第一位。2019年中国服务贸易总额为7850亿美元，连续6年居世界第二位，可以说服务贸易在各国经济发展中扮演着重要角色。2007年1月14日中国—东盟自由贸易区《服务贸易协议》正式签署，促进了中国和东盟经济特别是服务贸易的共同发展。2013年10月习近平主席提出了"一带一路"的倡议，东盟十国成为"一带一路"重点合作的区域。2018年11月东盟各国与中国签署了"一带一路"合作文件，发布了《中国—东盟战略伙伴关系2030年愿景》，中国和东盟各国的经贸往来深入推进。根据2020年9月27日中华人民共和国国务院新闻办公室举行的中国—东盟经贸合作情况发布会公布的数据，中国与东盟双边贸易额从2010年的2928亿美元增长至2019年的6415亿美元；截至2019年底双向投资额达到了2230亿美元，使中国—东盟自贸区成为全球最具活力的自由贸易区之一。中国企业把东盟各国作为对外投资的重点地区，有力地促进了区域内各国经济的增长。2020年是中国—东盟自贸区建立10周年，10年来自贸区有效推动了区域内的贸易投资自由化、便利化，中国与东盟进入经贸合作的黄金时期，双边贸易额从2010年的2928亿美元增长至2019年的6415亿美元。截至2019年底双向投资额达到了2230亿美元，总体结构趋于平稳，中国—东盟自贸区成为全球最具活力的自由贸易区之一。中国海关总署发布的数据显示，2023年中国与东盟双边贸易继续增长，规模达6.41万亿元，东盟连续4年保持我国第一大贸易伙伴地位，我国连续14年保持东盟最大贸易伙伴地位，这显示出中国—东盟经贸关系具有强大韧性。中国—东盟合作态势良好，东盟已经成为中国推动共建"一带一路"成果最显著的地区。服务贸易成为拉动经济增长的新引擎，然而不同协定规则纵横交织，引起了全球服务贸易的"意大利面条碗"现象。从全球视角对当前各国旅游服务贸易进行的分析，将为完善全球服务贸易多边协商机制提供参考。旅游是服务贸易部门中重要的创汇来源之一,中国和东盟各国作为全球最活跃的经济体之一,分析和比较中国与东盟各国的旅游服务贸易的贸易格局就显得更为重要了。中国已经在世界上确立了旅游服务贸易大国地位,但在迈向旅游强国之路上,困难依然存在。积极推进中国与东盟国家旅游服务贸易协同发展有序合作,将有利于中国和东盟各国的经济发展和旅游服务贸易国际竞争力的提升。

二、选题意义

(一)理论意义

已有的研究主要是对国际服务贸易理论进行描述性研究,并适当延伸至服务贸易,解释了服务贸易如何遵循比较竞争优势原则(Griffiths,1975;Deardorff,1984;Richard Cooper,1988)。关于旅游服务贸易的理论研究现在还没有比较完整的理论体系框架。学者们主要集中讨论两类旅游服务贸易问题:一是在讨论服务贸易分部门中涉及旅游服务贸易的相关内容;二是针对国际旅游流开展讨论,主要针对出入境消费的旅游服务贸易的研究。现有文献大多基于旅游需求框架来研究国际旅游流问题,主要是测算和比较旅游目的地竞争力,研究方法大多选择引力模型、脉冲响应、协整分析、格兰杰因果检验等。本文首先在方法上采用较为前沿的社会网络分析方法,以中国—东盟旅游服务贸易网络为研究对象,测量网络的整体概况、中国和东盟各国的网络特征,并将其可视化,以期进一步认识中国—东盟旅游服务贸易现状,然后使用 QAP(Quadratic Assignment Procedure,二次指派程序)方法,检验决定旅游服务贸易网络的影响因素,深入探寻区域间中国—东盟旅游服务贸易网络格局的特征及影响因素。其次,对比评价中国与东盟主要客源国的旅游服务贸易竞争力水平,找出旅游服务贸易竞争力的重要影响要素。最后,分析中国—东盟旅游服务贸易的协同竞争效应。因此,本研究分析中国—东盟旅游服务贸易发展的网络格局和协同竞争效应，对中国—东盟旅游服务贸易研究的发展梳理理论，综合运用多学科理论进行补充，开拓新的研究视角，进一步推动旅游基础理论研究的发展。

（二）实践意义

近年来中美贸易摩擦不断，贸易保护主义再度掀起，欧美发达国家大力扶持本国企业，针对我国的科学技术生产采取封锁阻挠的措施，我国经贸的外部环境不容乐观。中国在迈向经济强国的道路上，服务贸易较货物贸易的水平还有一定的差距，当前服务贸易逆差还在扩大。旅游服务贸易是国际服务贸易的重要组成部分，旅游服务贸易如何促进经济的发展一直是国内外学者们研究的重要课题。目前对旅游服务贸易的研究大多是对旅游经济发达的国家和地区展开，以中国为主题的对比研究主要集中在中美、中日、中欧、中韩等国家的比较，分析中国和东盟各国的研究相对较少。通过搭建中国—东盟旅游服务贸易网络格局和协同竞争效应的理论分析框架，分析中国—东盟旅游服务贸易网络格局和协同竞争效应，从宏观经济角度把握中国与东盟各国的旅游贸易之间的相互作用关系，探究影响机理，为中国—东盟旅游服务贸易协同发展建言献策。从2009年开始中国旅游服务贸易呈现贸易逆差的态势，逆差数值越来越大，发展前景不容乐观。贸易逆差的扩大与中国旅游强国的综合实力不一致。本研究将实证检验与理论分析结合，研究解决中国—东盟旅游服务贸易发展中出现的问题，为实现中国和东盟各国旅游服务贸易的协同发展，为中国和东盟旅游服务贸易互补和跨境合作提供参考依据。同时，在东盟旅游一体化进程中，中国和东盟各国的旅游服务贸易已经取得了一定的成效，但总体效果仍不尽如人意，希望本研究能够给中国—东盟旅游服务贸易发展提供一些有用的信息参考和政策建议。

第二节 研究内容及框架

一、研究内容

本研究运用社会网络分析方法对中国—东盟旅游服务贸易网络格局及影响因素进行分析，对比评价中国与东盟各国的旅游服务贸易竞争力水平，找出影响旅游服务贸易竞争力的重要因素，分析中国和东盟主要国家的旅游服务贸易的协同竞争效应，提出促进中国—东盟旅游服务贸易协调发展的对策建议。因此，本研究的主要内容包括以下方面：

（一）国内外旅游服务贸易研究综述

本研究在梳理国际贸易、服务贸易和旅游服务贸易等研究理论的基础上，从旅游服务贸易竞争力、中国—东盟旅游服务贸易和贸易网络结构等方面对比分析旅游服务贸易研究现状，并对国内外旅游服务贸易的研究方法和研究成果等进行总结，探讨现阶段旅游服务贸易研究的不足和未来发展方向。

（二）中国—东盟旅游服务贸易格局

一是从东盟旅游服务贸易现状、中国旅游服务贸易发展现状和中国—东盟旅游服务贸易基本特征总结了中国—东盟旅游服务贸易现状。二是针对中国—东盟旅游服务贸易网络结构及其影响因素进行分析。基于2015年、2018年中国和东盟各国的旅游服务贸易数据，以中国—东盟旅游服务贸易网络格局为研究对象，采用SNA方法测量网络的整体特征，了解中国—东盟地区旅游服务贸易状况，使用QAP方法实证检验决定旅游服务贸易网络结构的影响因素，为加强中国与东盟旅游服务贸易联系、优化网络结构提供参考依据，提出政策建议。

（三）中国和东盟各国旅游服务贸易国际竞争力比较

综合比较中国和东盟主要国家的旅游服务贸易的 MS 指数、TC 指数、RCA 指数、RSCA 指数、MI 指数，比较分析中国和东盟各国旅游服务贸易竞争力影响要素。借助计量经济模型，选择旅游生产要素、国内需求、旅游企业要素、相关产业要素这些代表性指标，以中国 2005—2019 年的数据为分析依据，运用回归分析的方法，找到近年来中国旅游服务贸易竞争力的主要影响因素。

（四）中国—东盟旅游服务贸易的协同竞争效应分析

选取中国、泰国、马来西亚和越南的 TC 和 RCA 两个综合指数，作为测度中国和东盟主要国家的旅游服务贸易竞争力水平的研究案例，通过 VAR 的协整检验、修正误差模型和脉冲响应分析，观察各国旅游服务贸易竞争力之间是否存在长期均衡关系，分析中国和东盟主要国家竞争力变化对彼此的影响，观察中国和主要东盟国家在旅游服务贸易竞争中的中短期反应效应。

（五）中国—东盟旅游服务贸易协调发展的对策建议

基于前文中国—东盟旅游服务贸易网络格局分析和中国与东盟主要国家旅游服务贸易的协同竞争效应等研究，有针对性地提出相关政策建议。

二、研究框架

根据研究内容，本书的研究框架如图 1-1 所示，在梳理研究背景、文献综述和理论基础的前提下，构建理论分析框架，基于服务贸易理论界定旅游服务贸易和旅游服务贸易竞争力，基于社会网络分析方法和计量模型进行中国—东盟旅游服务贸易网络格局和协同竞争效应的实证分析，最后得出中国—东盟旅游服务贸易协同发展的对策建议。将质性研究和实证研究方法结合，从不同侧面探索研究问题。

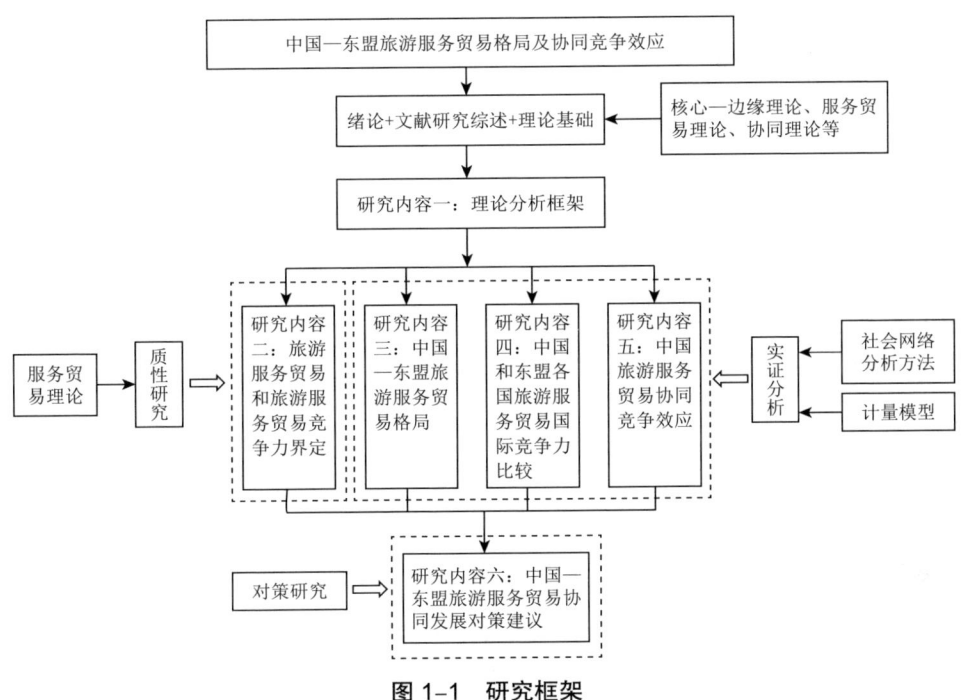

图1-1 研究框架

第三节 研究方法及技术路线

一、研究方法

(一) 文献分析法

通过搜集整理国内外专家学者关于中国和东盟旅游服务贸易的学术专著、研究报告、政府文件、专业论文等，初步积累较为翔实的文献背景资料，并在此基础上进行文献的综合、归纳与分析，为论文的论证提供充足的论据支撑。

(二) 定性研究方法

运用核心—边缘理论和演化经济地理学理论分析旅游服务贸易网络格局；运用国际贸易理论、要素禀赋理论、显示比较优势理论和波特竞争理论分析中国和东盟各国旅游服务贸易国际竞争力以及相关影响要素；运用协同理论分析中国和东盟主要国家旅游服务贸易协同竞争关系，为定量研究奠定基础。

(三) 社会网络分析方法

社会网络分析法（social network analysis）是网络研究最常用的分析方法，主要用来描述和测量网络中行动者（如个体、社区、企业、政府部门等）之间的联系或者是通过这些关系流动的各种有形或无形的东西，比如资源、信息等。这种分析方法提出了结构洞、强弱关系等理论，以及核心—边缘结构、小团体、小世界效应、网络密度、凝聚子群等测算方法。本文运用社会网络分析方法，基于 2015 年、2018 年中国和东盟各国的旅游服务贸易数据，对中国—东盟旅游服务贸易网络格局及其影响因素进行分析。

（四）定量研究方法

依托波特竞争优势理论，基于生产要素、国内需求、企业要素、相关产业要素，通过建立时间序列的多元回归模型，进行回归分析，找出中国旅游服务贸易竞争力的重要影响因素。

（五）VAR 模型

通过 VAR 的协整检验、广义脉冲响应和预测方差分解分析，揭示观察中国和东盟主要国家旅游服务贸易之间的长期动态变化关系，观察中国和东盟主要国家的旅游服务贸易竞争中的中短期反应效应。

二、研究的技术路线

本研究聚焦于中国—东盟旅游服务贸易的网络格局和协同竞争效应。通过问题提出、理论分析、质性分析、实证分析、对策建议的五个阶段对中国—东盟旅游服务贸易开展相关研究。首先，通过文献综述提出所要研究的问题和构建理论分析框架。其次，运用相关理论开展质性分析。再者，通过收集整理的数据开展实证研究，最后得出结论和对策建议。具体研究技术路线如图 1-2 所示。

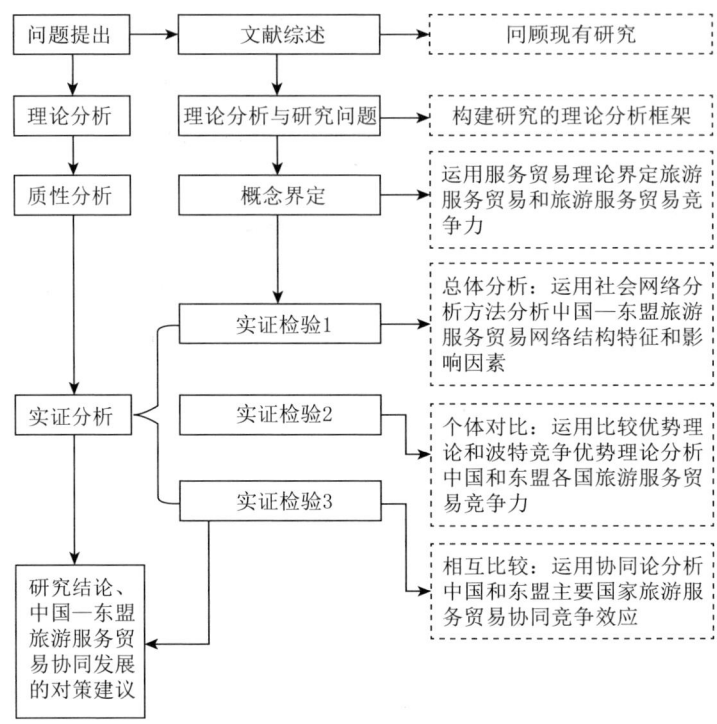

图1-2 本研究的技术线路

第四节 创新点和不足

一、研究创新

（一）研究视角创新

基于服务贸易网络格局的视角对中国—东盟旅游服务贸易进行探讨，从而能更全面地把握中国—东盟旅游服务贸易格局的变化特征，这是对当前服务贸易研究的有益拓展和补充。借鉴协同学理论的基本原理，开展中国和东盟主要国家旅游服务贸易协同竞争效应的研究。当前协同学理论主要运用在思想政治教育方法、金融行业与实体经济、农户与现代农业、企业与环境协同等方面的研究，运用于服务贸易特别是旅游服务贸易的研究成果并不多见。本文借助竞争力指数相关数据，实证研究中国与东盟主要国家的旅游服务贸易具有怎样的长期竞合关系和短期竞合关系，对各国之间的竞争和协同关系进行了较为全面全方位多层次的分析，借此丰富中国与东盟各国旅游服务贸易关系研究成果。

（二）研究方法应用上的创新

首先以中国—东盟旅游服务贸易格局为研究对象，拟将较为前沿的社会网络分析方法引入旅游服务贸易网络研究中，测量网络的整体格局、中国和东盟各国的网络特征，并将其可视化，以期把握中国—东盟旅游服务贸易格局。然后进一步使用QAP（Quadratic Assignment Procedure）方法，探索旅游服务贸易网络结构的影响因素，深入探寻区域间中国—东盟旅游服务贸易网络的演变规律及影响因素。

（三）数据采集具有独特性

社会网络分析方法于20世纪90年代被运用至旅游领域，目前最受关注的是与区域旅游网络有关的研究，采用的数据主要是国家间的出入境旅游人数。本研究的数据采集使用的是入境旅游消费支出和入境游客数量，通过资金流和旅游流相结合的数据，研究中国旅游服务贸易网络结构特征和影响因素。由于没有中国和东盟各国之间相互往来的官方统计数据，因此本文根据UNWTO（联合国世界旅游组织）公布的世界旅游统计数据，尝试用新的计算方法构建中国和东盟各国双边旅游服务贸易数据，为相关分析提供数据来源，进而为实证研究所用。这是本研究的重点和难点，也是本研究的创新点。

二、研究不足

尽管本研究在研究内容和研究方法上进行了一定的创新，但是受制于时间、条件等影响因素，仍然存在不足。

第一，在数据方面，在现行的贸易、服务贸易和国际收支等国际性文件、协定和统计手册中并没有"旅游服务贸易"这一统计指标。世界旅游组织的统计数据来源是各国上报的旅游统计数据。由于东盟各国旅游服务贸易数据统计的不完善以及获取难度，有关中国和东盟的旅游服务贸易数据不够全面。比如各国入境游客的平均旅游支出只能通过相关数据统计得出，导致所构建的指标体系存在部分差异，进而实证测算结果出现误差。

第二，由于在进行回归统计的时候，选取了五个变量进行分析，不能全面代表旅游服务贸易的经济发展水平，期待未来有更先进的方法可以解决这个问题。

第三，由于东盟各国的基础条件和经济状况存在较大差异，导致旅游服务贸易水平差异的原因比较多，本文所提出的政策建议在东盟各国提高旅游服务贸易水平的普适性上可能存在一定的不足。

第二章
相关概念和相关研究进展

本研究拟采用社会网络分析方法对中国—东盟旅游服务贸易网络格局进行测评,并对中国和东盟各国的旅游服务贸易竞争力、中国和东盟旅游服务贸易协同效应进行实证研究,最后提出中国—东盟旅游服贸易协同发展的对策建议。鉴于此,本章对旅游服务贸易相关研究的发展现状和发展趋势等内容进行分析评述。

第一节 概念内涵梳理

一、服务贸易概念内涵

1972年在经济合作组织(OECD)发布的《高级专家对贸易和有关问题的看法》报告中最早出现了"服务贸易"一词,报告指出"对许多国家而言服务贸易几乎与货物贸易同样重要,甚至某些情况下比货物贸易更重要";1974年在美国贸易法第301条款中首次使用了"世界服务贸易"这个概念;

1987年，格鲁伯将服务贸易定义为人或物的国际流动。《美加自由贸易协定》首次在国家间贸易协议中定义了服务贸易，即由缔约方中的一个人在其境内或者进入其他缔约方提供指定的一项服务。联合国贸易发展会议对服务贸易概念的界定是：通过货物的加工、装配、维修以及货币、信息、人员等生产要素为非本国居民提供服务并得到收入的活动，是一国与他国进行服务交换的行为。1994年的《服务贸易总协定》（GATS）将服务贸易定义为四种提供模式：跨境交付（cross-border supply）、境外消费（consumption abroad）、商业存在（commercial presence）和自然人流动（mobility of natural persons）。跨境交付时自一方成员领土内向其他方成员在本领土提供服务；境外消费是指一方成员在其领土内向其他方成员的服务消费提供服务；商业存在是指一方成员的服务提供者通过其他方成员领土内的商业存在提供服务，比如某国旅游企业到另一个国家开设旅行社；自然人流动是指一方成员的服务提供者通过在其他方成员领土的自然人存在提供服务。服务贸易的服务包括金融服务、出境旅游、通信服务、建筑及有关工程服务、留学、健康与服务等。可以根据研究需要从不同角度对服务贸易进行界定，本文研究采用的是GATS的四种服务贸易提供方式来定义服务贸易。

二、旅游服务贸易概念内涵

（一）旅游服务贸易的界定

旅游服务贸易（全称为国际旅游服务贸易）是指旅游服务在经济体之间的有偿流动和交换过程，即经济体之间相互为旅游者进行国际旅游活动所提供的各种旅游服务的交换过程。在现行的贸易、服务贸易和国际收支等国际性文件、协定和统计手册中并没有"旅游服务贸易"这一统计指标。根据2010年国际货币基金组织（IMF）、经济合作与发展组织（OECD）、联合国贸易和发展会议（UNCTAD）、世界贸易组织（WTO）等国际性机构所编制的《2010年国际服务贸易总计手册》（MSITS2010）说明，按照《服务贸易总协定》将服务贸易分为跨境交付、境外消费、商业存在和自然人流动四种模式，它们的服务贸易内容包含跨境和非跨境两类交易活动。其中跨境交易包括跨境交付、境外消费和自然人流动，非跨境交付主要是商业存在，完整的旅游服务贸易分类应该包括跨境旅游服务贸易和非跨境旅游服务贸易的全部内容。但是目前全球只有美国等少数国家提供了四种模式的服务贸易数据，其余国家并未有相应的明确统计数据。本研究将跨界交付、境外消费和自然人流动作为一个整体考虑，即跨境旅游服务贸易，以境外消费模式作为跨境旅游服务贸易的替代。国际货币基金组织制定发布的《国际收支和国际投资头寸手册》第6版（BPM6）是指导编写国家收支统计数据的最新准则，规定旅游者获得的供自身使用或者赠送他人的、超过海关限额的货物划入一般商品，而非旅行服务。联合国等机构制定发布的《2010年国际服务贸易统计手册》增设了探讨服务贸易四种"提供模式"计量问题的相关内容，扩大了国际服务贸易总计范围，同时认为旅行开支中只有服务相关支出一项才可纳入境外消费模式，货物相关支出不得划归任何一种提供模式。在现行的世界贸易统计体系框架中，出境旅游花费的统计主要置于国际服务贸易的模式二（境外消费）项下（张凌云，2015），而世界旅游组织的统计数据主要是来自各个国家上报给世界旅游组织的旅游人次和消费总额或者人均消费额。旅游服务贸易与其他服务贸易最大的区别是，旅游服务贸易是通过游客移动过境消费方式来完成的。与实物贸易相比，其差别在于入境旅游属于旅游服务贸易出口，出境旅游属于旅游贸易进口（田纪鹏，2019）。鉴于此，本研究将采用入境游客在目的地国家的旅游消费作为衡量该国旅游服务贸易额的重要指标，且将跨界供应、境外消费和自然人移动作为一个整体考虑，即跨境旅游服务贸易，以境外游客消费总额作为跨境旅游服务贸易的替代指标。

（二）旅游服务贸易的分类与统计

旅游服务贸易的形式与类型，一般以国际服务贸易的划分方法为基础。但是由于服务内容的复杂多样性，对服务贸易的形式和类型的划分存在不同的观点。旅游服务贸易可以依据不同的标准进行分类。罗明义（2007）列出六种分类办法。根据生产要素的投入情况将旅游服务贸易划分为四种：资源密集型旅游服务贸易、劳动密集型旅游服务贸易、资本密集型旅游服务贸易、贸易和技术－知识密集型旅游服务贸易。四种类型的旅游服务贸易在层次上是一种从初级到高级的不断提升。每一种密集使用某种旅游生产要素的旅游服务贸易类型都有可能采取GATS中关于服务贸易四种提供模式中的一种或多种。

（三）旅游服务贸易发展的影响因素

根据GATS的界定，旅游服务贸易包括四种模式，而其中跨境交付、过境消费和自然人移动三种模式的旅游服务贸易称为跨境旅游服务贸易，适用于贸易相关理论解释；而商业存在形式的旅游服务贸易则是传统商品贸易理论所无法解释的，因而必须运用国际直接投资理论进行解释。对于旅游服务贸易影响因素的分析可以在波特的竞争优势理论、邓宁的国际生产综合理论、现代比较优势理论以及新贸易理论的基础上进行进一步的综合。旅游服务贸易交易效率的影响因素主要考虑五个方面的内容，即运输成本或以运输距离代替、基础设施水平（基础设施水平指数来衡量）、政策环境（贸易开发度来衡量）、电子商务水平（网络水平）及教育文化水平（加权平均计算）。

三、旅游服务贸易竞争力的界定

国际竞争力包括国家竞争力、产业竞争力和企业竞争力三个层次，涉及旅游服务贸易的竞争力主要讨论国家和产业两个层面的竞争力。从国家层面出发，瑞士洛桑国际管理开发学院认为国际竞争力是一个国家借助创造生产增加值的方法实现国民财富累积的能力，提高国际竞争力就是要促进经济和社会协调发展，使该国所生产的产品在国际市场上具有竞争力，进而积累更多的国民财富，实现增加国内生产总值和提高国民收入水平。一个国家的服务产品在国际市场的占有率越高，则服务贸易在国际市场上的竞争优势越明显，说明该国的国际竞争力水平越高。从产业竞争力角度出发，产业国际竞争力（金碚，1996）是指在自由贸易的条件下，一个国家的某一产业相对于其他国家表现出更高的生产力，可以为国际市场提供更多更好的产品。从旅游产业竞争力角度出发，学者们认为旅游产业竞争力是旅游产业部门通过向市场提供优质的旅游服务和产品，占据旅游市场，获取丰厚的利润的能力。《2013年度中国城市旅游竞争力研究报告》指出旅游产业竞争力包括基础竞争力、核心竞争力、制度竞争力和环境竞争力四个方面。从国际贸易和产业发展的视角出发，本研究将旅游服务贸易竞争力定义为一个国家旅游业在进行国际贸易中显示的旅游业市场地位和可持续发展能力，在国际上创造增加值和提高国民财富积累的国际竞争力。

第二节　国内外相关研究进展

一、旅游服务贸易的研究

20世纪70年代学者们开始研究国际旅游服务贸易，他们更多的是对国际服务贸易理论进行描述性研究，并适当延伸至服务贸易，解释了服务贸易如何遵循比较竞争优势原则（Hindley & Smith，1984）。对于旅游服务贸易的理论研究并没有形成完整的理论体系框架。学者们主要集中讨论两类旅游服务贸易问题：一是在讨论服务贸易分部门中涉及旅游服务贸易的相关内容；二是针对国际旅游流开展讨论，主要针对出境和入境消费的旅游服务贸易的研究，很少涉及 GATS 框架下的四种旅游服务贸易模式的讨论。现有文献大多基于旅游需求框架来研究国际旅游流问题，他们将所有目的地看作一个同质的无差异的集合，旅游流的产生与旅游目的地的自然禀赋、技术和基础设施等供给侧因素有很大的关联（Jie Zhang & Camilla Jensen，2007），旅游流的规模与旅游目的地的人口数量、GDP 水平和以往的旅游经历等因素有着密切关系。对旅游目的地进行研究的主要集中在测算旅游目的地竞争力，较少将贸易理论运用于解释旅游服务贸易结构。

（一）旅游服务贸易发展的经济效应

关于旅游服务贸易与经济增长的关系，研究人员认为旅游业发展中获得的外汇收入会刺激经济发展（Jacint Balaguer & Manuel Cantavella-Jordá，2002；Ramesh Durbarry，2002；吴忠才，2007；张丽峰，2008）。当然，也有少数学者提出了相反的观点，认为出入境旅游在经济增长、社会福利、国际收支等方面显示了明显的负面效应（戴学锋、巫宁，2006；谭鹏成，2008）。因此，要评价旅游服务贸易对经济增长的影响，需要建立在对旅游服务贸易效应清楚认识的基础上才能展开深入研究。

（二）旅游服务贸易发展政策研究

旅游服务贸易政策是一国或一地区在一定时期内开展旅游服务贸易所遵循的国际惯例、国际规则、有关的对外法律和规章等的总和。国内外学者对于旅游服务贸易政策的研究各有侧重，国外学者主要研究签证、外汇管制等操作方面的规定；国内学者更倾向于稍高层次的政策方面的研究（梁琦，1997；蒋开明，1998；刘华，2001；徐虹、曲颖，2008）。

旅游服务贸易供给形成的决定因素主要是要素禀赋和要素丰裕程度，其生产要素包括旅游资源、劳动力、资本和企业家。同时旅游服务贸易也受到诸如旅游需求、比较成本、新技术运用、企业竞争策略和国家贸易政策等各种因素的制约和影响。一个国家旅游服务供给的状况、规模和水平，不仅决定着国际旅游客流的流向和流量，还决定着其旅游服务贸易的发展格局和变化，影响着其旅游服务贸易的水平和效益。综上所述，旅游服务贸易是一个国家的旅游业在与其他国家进行国际贸易中展现的市场地位和可持续发展能力，是创造和增加国民财富的国际竞争能力的体现。

二、旅游服务贸易竞争力研究

学者们主要运用外部性、公共产品和信息不对称等经济学理论（王劲松，2007）、比较优势理论和国际竞争优势理论（张明清和刘超，2000）、服务贸易自由化理论等从不同角度对旅游服务贸易竞争力开展理论研究。国际上对于旅游服务贸易竞争力的研究源于20世纪80年代（N. Kulendran & Kenneth Wilson，2000；L. Rubalcaba & D. Gago，2001），研究者借助引力模型对旅游目的地的承载力、可进入度和市场开放程度等角度研究该地区的旅游服务贸易竞争力。旅游服务贸易竞争力的影响因素包括：信息通信的创新、客源地经济水平和管理旅游地承载力（Fernando J. Garrigós Simón et al.，2004）；国家间的相对价格水平、客源地收入水平和旅游地的特殊事件（Sarath Diviseker，2010）；目的地管理和组织、目的地吸引力、目的地信息和目的地效率（Lee Tae Sook & Kim Chulwon，2009）；政府政策、辅助产业、企业战略、要素禀赋等（J. R. Brent Ritchie & Geoffrey I. Crouc，2000）；旅游业从业人员素质（Keith Dewar，1996）；旅游运输服务（Syed Abdul Rehman Khan et al.，2017）。国内对旅游服务贸易的研究主要包括两个方面：一是研究出入境旅游、服务贸易与经济增长之间的关系（雷平、施祖麟，2008；章锦河等，

2012；戴斌等，2013；宋芳秀，2020；程成等，2020）；二是对旅游服务贸易竞争力的探讨。学者们主要运用外部性、公共产品和信息不对称等经济学理论（王劲松，2007）、比较优势理论和国际竞争优势理论（张明清、刘超，2000）、服务贸易自由化理论（陈科，2007）从不同角度开展理论研究。学者们运用出口市场占有率指数和 RCA 指数（李俊，2005）、服务贸易比较优势指数（赵书华、李辉，2005）、贸易竞争力指数和出口增长优势指数（王晶晶，2011）测算了我国旅游服务贸易国际竞争力；利用层次分析法和德尔斐法（冯学钢、赖坤，2003）、国际竞争力理论（周经、吕计跃，2008）构建模型，通过分析数据评价各国旅游服务贸易国际竞争力的水平（赵书华、李辉，2005；董小麟、庞小霞，2007；周经、吕计跃，2008）。

三、中国—东盟旅游服务贸易研究

由于各国所处的自然环境和经济发展水平不同，其所拥有的旅游资源和开发利用能力也就各不相同，开展合作可以形成优势互补。中国与东盟各国旅游服务贸易在各国经济中的地位以及对世界旅游服务贸易的贡献有所不同。从国内外学者相关研究可知，在分析旅游服务贸易的发展中大多侧重于从一个国家角度去研究发展旅游业所带来的直接或者间接的经济影响，从区域合作（如中国—东盟）的角度与研究区域旅游服务贸易的发展就比较少（廖万红，2011）。由于研究角度的差异，目前从服务贸易角度对中国—东盟旅游的专项研究主要集中在比较中国和东盟各国旅游服务贸易竞争力（蒋文，2011；刘荣春、刘土英、李文婷，2020；洪瑞恩、林媛媛，2020；）、对中国—东盟旅游服务贸易法律制度保障（李馨，2014；刘娴、周青，2018）、中国—东盟旅游服务贸易逆差（李鑫，2014；庞莲荣，2016）等方面。已有的研究从研究方法上以定性研究为主（陈保霞，2020），定量研究大多选择引力模型、脉冲响应、协整分析、格兰杰因果检验、基于面板 Tobit 方法等方法（苏科五，李明星，2008；赵多平，2011；石张宇等，2015；陈乔、靳诚，2021；邓晓虹、黄满盈，2014），讨论贸易和旅游的互动影响和溢出效应。当前，中国正通过"丝绸之路经济带"和"21世纪海上丝绸之路"两个重要倡议，加强与地区和世界的联通。国际合作的新战略为中国—东盟旅游合作开辟了更加广阔的领域。国内外学者们一直重视研究旅游服务贸易如何促进经济的发展这个重要的课题。本研究通过运用国际贸易和经济学的相关理论，研究中国和东盟各国旅游服务贸易发展情况，分析中国与东盟旅游服务贸易网络格局和协同竞争效应，并在此基础上进行比较和综合研究，以深入剖析指导中国和东盟各国旅游服务贸易的协调发展。

四、贸易网络结构的研究

（一）国际贸易网络研究

国际贸易的网络结构是由多个国家以及国家之间的双边贸易流构成。各国通过贸易建立起来的联系，构成了一个具有结构特征的贸易网络，影响着整个地区贸易的发展。对贸易网络的结构特征进行分析，将有助于解释贸易流的动态变化。最早以网络为视角研究贸易格局的文献是 Snyder 和 Kick（1979），她们通过使用贸易数据构建无权网络，分析 118 个样本国的核心边缘结构。随后陆续有研究者关注对世界贸易网络的分析，通过研究国际贸易网络的复杂性、世界贸易网络中点度数高的国家和世界贸易网络动态变化等内容（Carlaschelli & Loffredo，2004；Fagiolo，Javier，Sefano，2010；赵国钦、万方，2016）。随后学者们通过拓扑原理构建国际贸易网络结构探讨其特征（Garlaschelli & Loffredo，2005），另有研究者借用权重构建贸易网络结构研究其性质和演化。在这些研究中，发现国际贸易特征（Rauch & Watson，2004；Benedictis & Tajoli，2008）、国家地理位置、贸易国家流向、贸易密切关系程度（Xu & Cheng，2016）等因素都影响着服务贸易网络结构。

（二）国际贸易网络的影响因素研究

国际贸易网络的影响因素是国际贸易领域的重要研究问题之一。国际贸易网络结构是由多个国家和国家之间的双边贸易流构成的，双边贸易流量的大小代表着两国贸易联系的强弱，是决定国际贸易网络结构的关键。网络分析方法是一种对关系数据的跨学科分析方法，近年来广泛应用于国际贸易网络、区域经济等方面的研究（Schiavo et al.，2010；Cassi et al.，2012）。将网络分析方法运用于分析贸易网络结构，有利于通过网络中节点间的联系进而分析服务贸易网络的结构特征，同时借用网络分析方法具有全局性的分析特点，解析各个国家对贸易网络的影响和贸易结构的影响因素。随着社会网络理论分析方法的应用，通过社会分析方法探讨国际贸易网络格局成为新的研究方法。中外学者们选取各国之间的进出口数据构建国际贸易网络，对网络的结构特征进行讨论。学者们认为国际贸易网络具有无标度分布、有较高聚类系数的特征（Schweitzer et al.，2009）；也有人认为贸易网络是一个负向匹配网络，存在富人俱乐部的现象（Bhattacharya et al.，2008）。在分析贸易网络结构特征的基础上，学者们进一步分析影响国家间双边贸易流的因素，他们认为一国经济发展水平（GDP）（邓晓虹、黄满盈，2014）、人口（田晖、蒋辰春，2012）、地理距离（Fagiolo，2010）、制度距离和文化距离（Tadesse & White，2010；戴卓，2012）等因素对国际贸易网络结构发挥着决定性的作用。

（三）旅游服务贸易网络结构研究

目前关于服务贸易的研究主要集中探索服务贸易个体属性指标，国内营商环境、服务贸易协定、信息和通信技术等都对服务贸易进出口起到正向的影响（Gani et al.，2013；Guillin，2013）。知识密集型服务贸易正逐步占据主导地位（涂远芬，2016）；发展中国家正在积极发展服务贸易以期改变发达国家主宰利益的国际贸易格局（赵瑾，2015）。中外学者们的研究对于一个国家或几个国家之间的比较分析，无法反映服务贸易的发展规律。一个国家的对外贸易与本国开放程度、贸易伙伴国的数量、贸易网络整体格局等相关（徐正中，2012）。原有的比较优势理论主要关注的是比较贸易网络的个体属性指标，通过修正以达到服务贸易的特殊要求，忽视了整体贸易关系。旅游流是旅游地理学研究的重要问题之一，研究内容包括时空分布特征和影响因素、时空演化规律以及相关预测、驱动机制和网络结构等。旅游流是旅游者从客源国流向旅游目的地的数量和流动模式，客源国旅游者的空间移动能促进各国和地区之间形成具有一定结构特征的旅游流网络，影响着客源地和旅游目的地的发展。这种网络能够影响某个旅游地或者区域旅游的发展，分析旅游流网络将从宏观角度观测到旅游流的变化规律。旅游流实质上是包含了旅游客流、信息流、资金流等多种元素的旅游经济流，它促使旅游空间单元之间产生相互影响。旅游客流是旅游流的中介力量，具备一定规模且方向明确的旅游客流将影响各个空间节点的旅游市场。信息流是旅游者搜集信息的空间指向，影响着旅游者的出行决策。资金流反映了对旅游资源开发、基础设施建设等投入水平。旅游客流、信息流和资金流等旅游要素流相互影响和相互作用，它们所形成的空间关系构成了旅游经济流网络，影响着旅游经济流协调发展。中外学者的研究主要集中在分析旅游目的地之间的网络结构特征，进而分析旅游流的时间、空间和人口统计学特征（Hsin-Yu Shih，2006；Noel Scott，Chris Cooper，Rodolfo Baggio，2008；Alvin Chua，Loris Servillo，Ernesto Marcheggiani，2016）。学者们将社会网络分析方法运用于旅游流研究，研究国家、省和市等不同行政级别的旅游地以及包价游、自助游等不同类型的旅游流，旅游流网络的构建方式和评价指标体系在逐年完善中（陈秀琼、黄福才，2006；杨兴柱、顾朝林、王群，2007；刘法建、张捷、章锦河等，2010；唐澜、吴晋峰、王金莹等，2012；张妍妍、李君轶、杨敏，2014；

翁钢民、李凌雁，2015；吴中堂、刘建徽、袁俊，2016；王娟、胡静、贾垚焱等，2016；周慧玲、许春晓，2016）。中国和东盟各国互为主要客源国和旅游目的地，研究中国和东盟各国间的旅游流分布和流动规律，对于推动中国—东盟区域旅游经济增长具有重要的现实意义。当前随着复杂网络理论、社会网络理论等网络分析方法在国际贸易研究中成为热门的分析方法，这些方法更多地运用于分析多个国家之间的贸易关系，中外学者基于各国间的进出口数据对国际贸易网络的结构特征进行实证分析。当前已有的相关研究更多地关注贸易格局本身，但是对于影响贸易网络格局的因素关注比较少。一个国家的开放程度和贸易网络整体格局都是影响对外贸易收益的重要因素。目前国家贸易网络的研究主要以商品贸易为主，缺少对服务贸易网络的分析。中国和东盟地区作为世界经济最具活力的地区，关于该地区贸易网络的研究比较少。将社会网络分析方法运用于旅游贸易领域，以旅游服务贸易网络格局的整体性和网络节点之间的关系为对象，研究旅游服务贸易，将从整体上把握区域内旅游服务贸易网络格局特征，为区域内各国旅游服务贸易协调发展提供理论研究和实证分析。

第三节　研究述评

通过分析国内外学术成果，可以看出旅游服务贸易的研究主要呈现以下特征：一是国内外学者更关注旅游服务贸易竞争力研究，关于旅游服务贸易格局的研究成果较少。二是国内外学者基于经济学理论，采用定量研究的方法，通过建立计量模型，分析影响竞争力的主要因素。从出口市场占有率指数、RCA指数等服务贸易指数对旅游服务贸易进行评价。三是旅游服务贸易网络结构方面，有可能因为统计数据的缺失、范畴难以确认等原因，研究成果稀少。在研究方法上，采用最多的就是构建评价指标，通过引力模型、脉冲响应、协整分析、格兰杰因果检验等方法，运用社会网络分析方法讨论旅游服务贸易的文献并不多。将社会网络分析方法运用于旅游贸易领域，以旅游服务贸易关系格局整体性和网络节点之间的关系为研究对象，从整体上把握区域旅游服务贸易网络格局特征研究成果鲜见。基于此，本研究以中国—东盟旅游服务贸易网络格局为研究对象，采用较为前沿的社会网络分析方法引入旅游服务贸易网络格局研究当中，采用该方法测量网络格局的整体概况、中国和东盟各国的网络格局特征，并将其可视化，以期进一步认识中国—东盟旅游服务贸易现状，然后使用 QAP 方法，检验决定旅游服务贸易网络格局的影响因素，深入探寻区域间中国—东盟旅游服务贸易网络格局的发生发展、演变规律及影响因素，比较中国和东盟旅游服务贸易竞争力和协同竞争效应，借此丰富中国与东盟各国旅游服务贸易关系研究成果，并为区域间旅游服务贸易发展取得共赢提供参考依据。

第三章
理论基础与理论分析框架

　　旅游服务贸易是发达国家和发展中国家贸易服务最重要的组成部分，越来越多的国家通过发展旅游服务贸易并扩大其竞争优势，获取大量外汇促进本国经济发展，特别是发展中国家通过旅游服务贸易获得了参与国际贸易的机会，实现与发达国家在服务贸易领域内相互共存。目前中国是全球第一大国际旅游客源国和第四大旅游目的地国家，在国际旅游服务贸易中占有重要的地位。现有文献对于发达国家与发展中国家的旅游服务贸易比较优势的差异研究已经获得较为丰富的成果。与主要发达国家和"一带一路"合作伙伴相比，学者们分析发现中国的旅游服务贸易比较优势在近年呈现下降趋势。当前研究中国与东盟各国旅游服务贸易比较优势水平和发展演变的成果相对较少。鉴于此，在论述旅游服务贸易相关理论原理的基础上，构建旅游服务贸易的理论分析框架，提出本研究的基本假设，为后文的分析提供相关理论依据，呈现后文研究的理论逻辑。

第一节 理论基础

一、核心—边缘理论的应用阐释

（一）核心边缘理论

核心—边缘理论也称中心—边缘理论、中心—外围理论。1966年美国区域规划专家弗里德曼（J. R. Friedman）在他的学术专著《区域发展政策》中提出了核心—边缘理论。他认为任何一个国家或地区都是由核心区域和边缘区域组成的。核心区域人口密集，资本集中，技术水平高，经济增长速度快；边缘区域经济较为落后，甚至经济有可能处于衰落或停滞的发展状态。核心区域和边缘区域在区域经济发展过程中存在着不平等的发展关系，核心区域占据统治地位，边缘区域依赖核心区域。一方面边缘区域的人口、资金向核心区域流动，进一步加强了核心区域的优势；另一方面，核心区域在创新发展过程中需要向边缘区域扩散其发展能力和活力，核心区域和边缘区域的边界在双向要素流动过程中发生了变化，区域间的空间关系和空间结构不断变化，最终达到区域空间一体化。在当前经济全球化背景下，区域经济的发展模式既体现跨越边界的特点，又强调区域的协调发展。核心与边缘地区应该体现的是平等互利、合作共赢的关系。发展核心带动边缘，培育发展中地区的核心区，带动边缘区域发展，这是当代区域经济发展的重要举措。

（二）核心—边缘理论在旅游领域的研究应用

美洲学者们最早将核心—边缘理论应用于旅游研究中（Miossec，1976；

Hills &Lundgren，1977；Gormsen，1981；Weaver，1998），他们通过从空间结构的角度观测旅游目的地的演变过程，分析不同类型旅游者的行为与地理分布模型的关系，建立了核心—边缘理论的模型，对加勒比地区进行了案例研究。旅游区域是一个为旅游者提供服务的目的地，同时它被相关的支持带所包围，由核心区、直接支持带和间接支持带三部分构成（Smith，1980）。国内的学者相继提出了环城游憩带（ReBAM）（吴必虎，2001）、游憩商业区（RBD）（保继刚，2002）等城市核心区概念进行研究，都市居民的旅游活动存在着明显的核心—边缘空间格局。学者们将核心—边缘理论应用于研究区域旅游规划（汪宇明，2002）、全国和各省境内旅游区域的核心—边缘空间格局关系演变（唐仲霞等，2011；宋佳等，2013）、区域旅游合作的动因与机制（黄金火等，2005）。大部分国内外学者的研究以定性分析为主，对旅游区域空间结构变化和影响因素的定量研究成果较为薄弱，实证研究案例不多。

（三）演化经济地理学理论

传统经济地理学侧重研究经济景观的空间分析，对于历史在经济景观中重要性的探讨比较少。20世纪90年代，经济地理学研究人员在吸收演化经济学思想的基础上，主张以演化视角探索地理邻近、产业空间锁定、技术发展路径等问题，侧重历史传承性、协同性和动态性的分析。1999年Boschma和Lambooy在《演化经济学杂志》上发表"演化经济学和经济地理学"相关内容的文章，标志着演化经济地理学的诞生，演化经济地理学被逐渐复制成为经济地理学领域最具前景的研究范式之一。Boschma提出影响机构进行知识交换的五种邻近性，即认知邻近性、社会邻近性、组织邻近性、制度邻近性和地理邻近性。演化经济地理学开始广泛应用在多维邻近性理论框架探索网络的演化机制。

（四）演化经济地理学理论的应用阐释

演化经济地理学的理论基础包括广义达尔文主义、多维邻近性、路径依赖理论等。其中路径依赖思想用于探讨技术创新、集群演化、制度变迁等问题。邻近性概念主要指的是经济主体在地位空间上的邻近关系，伴随着研究的深入，邻近概念由一维向多维拓展。2005年Boschma发表在《地理学报》的研究提出了从认知、组织、社会、制度和地理等维度邻近性进行网络分析。随着社会网络分析方法引入经济地理学研究，弥补了研究规范性和网络关系演化探究不足等缺陷。邻近性是经济地理学分析网络演化的重要视角，也是网络形成与演化的重要影响因素。网络演化作为地理学者研讨的重要内容，提出了节点之间关系的调整将带来网络组织形态的变化。从微观上看是网络节点及节点之间联结关系的演化，从宏观上则表现为网络空间尺度及网络结构的演化，演化经济学主导的路径依赖、惯例、共同演化等思想为网络研究提供了新的视角。

（五）网络核心—边缘结构分析

随着世界经济贸易的繁荣，经济地理学开始与经济学相互渗透，逐渐形成了新经济地理学科。新经济地理学就是将现实中的地理特征进行数值化以及模型化处理，并进行高度概括，形成了集中主要的理论模型。一是核心—边缘模型，主要解释经济的规模、成本和流行性等要素之间的相互作用。二是传统预期模型，比较综合地既考虑传统历史，又考量未来预期的一种动态模型。三是区域经济模型，利用产业区域与国际化贸易之间的关系，分析区域经济的可靠性，从经济发展的主要关键因素出发，得出区域经济产业的发展。网络模型可以描述生活中的许多复杂关系，目前主要用于分析实体之间的联系和影响因素。网络中存在着不同类型的尺度结构，网络核心—边缘结构属于中尺度结构，包括紧密连接的核心部分和稀疏连接的边缘部分，它主要应用于医疗、金融、信息、国际关系以及经济学等领域。核心—边缘结构最广泛的做法包括离散化和连续化核心—边缘结构模型（Borgatti & Everett，2000），如图 3-1 所示，利用块模型对社团结构和核心—边缘结构的理想模型进行描述。学者们还利用中心性以及模块化的方法研究新陈代谢网络的核心—边缘结构（Silva，2008），采用随机游走的方法研究核心—边缘结构（Rossa，2013）。

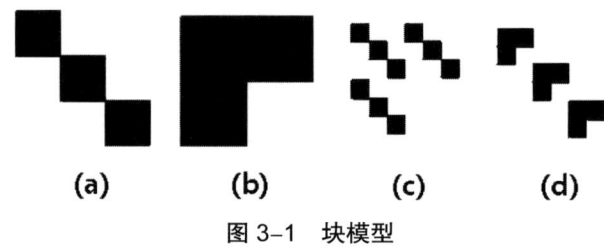

图 3-1 块模型

（a）社团结构；（b）核心—边缘结构；（c）具有局部社团结构的全局核心—边缘结构；（d）具有局部核心—边缘结构的全局社团结构，这里（c）和（d）是等价的。

（六）核心—边缘理论和演化经济地理学理论在服务贸易网络研究中的应用阐释

服务贸易是衡量一个国家国际竞争力的重要指标之一，各国的经济发展、技术改进、制度修订等因素使世界服务贸易网络结构发生了巨大变化。随着国际贸易的发展，其结构呈现出复杂化、立体化和网络化发展的特点，传统单边或者双边视角下的因果分析已经不能解释当前国际服务贸易的格局变化。所以，从网络化的视角分析国际服务贸易的格局，解释网络格局演变规律变得势在必行。最早提出用网络描述社会和经济网络系统的是 Wasserman 和 Faust。进入 21 世纪网络分析法被应用于生物网络、信息网络、技术网络等方面的研究。近年来经济学者们也开始将世界经济、国际市场等系统视为网络结构进行研究，基于网络分析的方法也引入国际贸易的经验分析中。本研究将中国和东盟各国的旅游服务贸易联系描述为一个以国家为节点的网络，基于此网络展开中国—东盟旅游服务贸易网络的构建和分析。相较于传统的计量方法，网络分析方法具备以下优点：一是网络分析方法主要关注网络中节点的联系，将深入分析贸易网络的结构特征；二是网络分析方法具有全局性的特点，能够反映网络贸易中各个国家对贸易网络的影响，也为探究贸易网络格局的影响因素提供了分析方法。在全球化背景下，国家之间相互依存关系逐渐加深，生产要素的全球流动构成了全球贸易网络。国家之间的联系跨越国家边界，对网络中的节点国家产生重要的影响。在贸易网络方面的相关研究发现网络中节点的广度和强度具有不均衡性，核心节点多为经济比较发达的国家。中国奉行睦邻安邦的邻国外交战略，注重与周边国家和地区保持稳定的经济合作发展关系。通过分析中国及周边东盟各国旅游服务贸易网络，在经济依赖程度分析等基础上，运用社会网络分析方法对网络密度、中心性、网络结构影响因素等进行系列分析，进而对中国和周边东盟各国旅游服务贸易网络进行剖析。在地缘政治研究中引入社会网络分析方法，可以通过对网络结构空间化和对空间结构网络化，进一步加深对地缘环境的认识。中国和东盟各国合作日益紧密，构建贸易网络将促进区域经济一体化发展。自2013年中国提出"一带一路"倡议以来，相关研究不断涌现而出。本研究以中国—东盟自由贸易区为研究区域，研究中国—东盟旅游服务贸易区关系格局。借助核心—边缘理论和演化经济地理学理论，通过分析中国—东盟旅游服务贸易网络紧密度和中心性指标，可以获悉在中国—东盟旅游服务贸易区中各个国家之间谁的竞争实力最强，竞争力强弱变化如何，在主要时间节点上哪个国家的竞争优势最突出，各国之间是否只存在着竞争关系。

二、服务贸易理论的应用阐释

围绕旅游服务贸易相关的理论主要包括国际贸易理论、要素禀赋理论、比较优势理论、竞争优势理论等，它们从不同的角度或层次出发，诠释了旅游服务贸易的内容、组成和发展，为进一步理解旅游服务贸易的内涵和评价体系奠定了基础。

（一）国际贸易理论

从国际服务贸易理论的研究进程来看，学者们试图建立独立的服务贸易理论，但是由于无法彻底摆脱现有的国际贸易理论，现有的研究成果主要还是从国际贸易理论适当延伸至服务贸易理论，是国际贸易理论分析框架的组成部分之一。因此对于旅游服务贸易理论基础的梳理仍然需要向现有的国际贸易理论方向进行追溯。国际贸易纯理论主要建立在货物贸易发展的基础上，大致经历了古典贸易理论、新古典贸易理论、新贸易理论和新新贸易理论四个主要发展阶段。亚当·斯密（Adam Smith）的绝对优势理论和大卫·李嘉图（David Ricardo）的比较优势理论被称为古典贸易理论，他们认为生产同一产品的成本差别是各国之间进行分工和贸易的基础。20世纪初期厄里·赫克歇尔和柏蒂尔·俄林提出的资源禀赋学说通常被称为新古典贸易理论，他们认为各国之间要素禀赋差异是产生国际分工和贸易的主要原因。20世纪70—80年代以后以规模经济和非完全竞争市场而发展起来的贸易理论称为新贸易理论（祝孔海，2004）。比较优势理论是国际贸易的基石，是研究国际贸易理论的核心。一般来说，古典贸易理论的绝对优势理论、比较优势论以及新古典贸易理论的要素禀赋论统称为传统比较优势理论；而在 H-O 理论基础上，经过施托尔珀（Stolper）、萨缪尔森（Samuelson）、雷贝曾斯（Rybezynski）等人的不断完善，比较优势理论最终在以消费者偏好、要素禀赋为外生变量的一般均衡框架中得到系统的模型化，形成了由两个基本概念——要素丰裕度和要素密集度，四个基本定理——H-O 定理、S-S 定理、FPE 定理和雷贝曾斯定理所构成的基本框架，并取代传统的李嘉图模型成为国际贸易理论的基准和主流范式，通常称为现代比较优势理论，又称为标准贸易模型。20世纪80年代以来，克鲁格曼、克罗斯曼（Crossman）、卡利纳（Calina）等学者通过实证分析提出技术创新将提高生产率，促进国际贸易和经济增长。内在规模经济的存在使得市场是不完全竞争的，每个具有内在规模报酬的商品将在成本最低的国家进行生产，然后再出口销售。近年来一些学者提出异质性企业贸易理论，即新贸易理论，认为国际贸易分析主体可以延伸至微观层面（企业）。学者们的理论和实证研究表明当企业拥有较高的技术要素时将具备更多的优势进入出口市场，最终获得更多的市场份额和利润，这也从微观层面解释了贸易利益的来源，为国际贸易分析提供了一个新的视角。

（二）要素禀赋理论

瑞典经济学家厄里·赫克歇尔（Eli F. Heeksher）和柏蒂尔·俄林（Bertill Ohlin）提出了要素禀赋理论。1919年，厄里·赫克歇尔指出如果两个国家的技术水平相同，则两个国家之间的要素充裕度和商品生产的密集度会产生比较优势的差异。1933年柏蒂尔·俄林在其出版的《区际贸易与国际贸易》一书中提出了要素禀赋理论，认为生产要素扩展为劳动力、资本和土地等，基于比较优势理论借助总体均衡方法来分析要素变动和国际分工的关系。厄里·赫克歇尔和柏蒂尔·俄林认为劳动力生产要素、资本、土地和其他生产要素在生产产品中发挥着重要的作用，影响着劳动生产率和生产成本。当各国在生产同一产品的技术水平相同的时候，两个产品的价格差主要取决于该产品成本的价格差别，而成本价格差别由各国生产要素的丰裕程度决定。根据这一理论，国家依赖要素禀赋的基础获得某些产业的比较优势，进而生产和出口这些资源要素丰富的产品，进口要素禀赋不具备比较优势的产品。对于一个国家的旅游服务贸易而言，要素禀赋和要素丰裕程度在一定程度上决定着旅游服务贸易的供给。旅游资源是非常重要的要素禀赋，通过对旅游资源进行合理开发利用，以旅游资源为导向，可以吸引入境旅游者，进而增加旅游出口收入。劳动力的数量和质量、历史、人文和自然资源、科技水平、交通、接待设施等也是旅游服务贸易的生产要素。旅游服务贸易发展不能片面依靠开放旅游资源，符合国际服务标准和水平的旅游人才、交通便利、环境舒适、物价稳定等因素也是旅游服务贸易的重要影响因素。只有综合考虑，合理布局，发挥所有重要因素的正向影响力，才能进一步推动旅游服务贸易的发展。

（三）显示比较优势理论

1776 年亚当·斯密出版的《国民财富的性质和原因的研究》标志着国际分工理论研究的开始，他提出了国际贸易的绝对利益理论（the theory of absolute advantage），认为各国应当选择具有绝对优势的商品参与国际分工，达到资源利益最大化的目的。各国参加国际分工，进行自由贸易，能够使各国的资源、劳动力和资本得到最有效的利用，从而使各国从国际贸易中获得绝对利益。在此思想基础上，1817 年大卫·李嘉图出版的《政治经济学及赋税原理》提出了比较优势理论，他在亚当·斯密的绝对利益理论基础上发展了比较优势理论（the theory of comparative advantage），认为各国只要生产并出口具有比较成本优势的产品，就可以在国际贸易中获得利益；当一个国家所有商品处于优势或者劣势的时候，选择劳动生产率差异较小的商品进行国际贸易，同样可以获得比较利益。比较优势理论倡导的"两优取其重，两劣择其轻"的原则成为研究国际贸易的主要理论。对旅游服务贸易的比较优势分析的方法主要是结合旅游服务贸易的特点，基于国际贸易比较优势理论建立起来的。1979 年，R. 迪克（R. Dick）和 H. 迪克（H. Dick）在对比较优势理论运用于服务贸易的适用性分析的基础上，针对服务贸易不同于商品贸易的特点，提出了显示比较优势理论（revealed comparative advantage，RCA）。该理论认为在现代国际贸易中，货物贸易和服务贸易结合得越来越紧密，将一个国家某种服务出口占世界服务出口的比重，与该国的总出口占世界总出口的比重进行比较，可以计算一国某种服务出口的显示比较优势指数。通过比较各国某种服务出口的显示比较优势指数，可以分析该国某种服务出口在国际贸易中的比较优势，进而衡量该国的服务贸易竞争力。旅游服务贸易是国际服务贸易的重要组成部分，与其他服务贸易相比，旅游服务贸易和货物贸易的结合更加紧密，以此，运用显示比较优势理论对旅游服务贸易进行分析，计算旅游服务贸易的显示比较优势指数，可以评价和衡量一个国家旅游服务贸易在国际旅游市场中的比较优势和竞争力大小，为促进旅游服务贸易的发展提供科学的理论参考和指导依据。一个国家所拥有的旅游资源禀赋、旅游产品数量和旅游接待水平等旅游供给能力的国际竞争水平，直接反映在其带来的经济产出。因此越来越多的国家通过扩大旅游服务贸易优势来获取旅游外汇，促进经济发展。

（四）波特竞争理论

"竞争优势"的概念于1939年由英国经济学家张伯伦（E. Chamberlin）提出。20世纪80年代开始以迈克尔·波特为代表的管理学领域的专家开始关注并系统研究，随后波特提出竞争优势理论，该竞争优势理论又称"钻石理论"，如图3-2所示，回答了在国际经济和贸易竞争中，为什么有的国家成功，而有的国家失败。迈克尔·波特竞争优势理论中的"钻石模型"是研究一个国家的某项产业如何形成优势进而在国际上具有竞争力的分析工具，研究者们认可这个模型并将它作为分析产业竞争力的理论依据，形成相关论文公开发表。该理论提出一个国家的某项产业主要包括六个影响因素，其中生产要素，需求条件，相关及支持产业，企业战略、结构和同业竞争是四个基本因素；政府和机遇是两个辅助因素，特别是"机遇"，是可以影响四个基本因素发生变化的。"钻石模型"中的生产要素主要包括天然资源、人力资源、资本等要素。这里的生产要素又可以分为一般生产要素和专业生产要素。高级专业人才、专业研究机构、硬件设施设备等属于专业生产要素。如何获得专业生产要素并发挥其积极作用是产业取得竞争优势的一个重要环节。需求条件关键是看本国市场的需求。国内顾客对产品质量的反应是最能证明企业产品的创新是否可以被市场认可，可否领先其他国家成为优势，形成预期性需求。波特认为一个产业想要形成优势单兵作战是行不通的，必须和相关产业发挥集群效应，依靠其上下游产业链的紧密协作，形成竞争优势。合理而有序的竞争是产业保持持续竞争力的重要刺激因素。在竞争中脱颖而出的产业一定是坚持创新研发和勇于与竞争对手搏斗，遇强则强，才能成为同业中的佼佼者。能够抓住市场机遇满足顾客需求的企业往往最有可能在行业竞争中占得先机、取得优势。在行业企业竞争过程中，政府给予的是保护还是开放的态度将影响市场竞争的活跃度。如果政府制定的竞争规则有利于激活产业活力，将大大鼓励企业不断创新，提高竞争实力。波特认为政府在提高国家竞争优势中应该起到催化和激发企业创造欲的作用。政府不仅要承担基本公共事业的职责（如基础教育、基础设施等），还要特别培育那些高级且与特定产业关联，形成竞争优势的生产要素（如高级技工、与新兴工业直接接轨的科研机构等）。政府还要营造一个市场化的宏观环境，让生产要素市场和金融市场有序运行。政府要放宽对于国际贸易的管制，贸易政策的重点是促进贸易各国相互开放市场，而不是相互设立配额和提高关税。波特的"钻石模型"是研究服务贸易的一个重要理论，它强调了如果一个国家想要在服务贸易竞争中处于有利地位，必须形成自己的优势产业，发挥"集群"的优势，企业通过技术革新产品创新不断提高生产率，才能巩固其竞争优势。其次，政府积极营造公平竞争充满激励的优良环境将极大地激发企业的斗志，引导产业改造升级，在新的竞争中继续获得优势。以波特"钻石模型"为理论框架的研究越来越受到认可和使用，一些影响因素（如国内生产总值、货物贸易出口额、服务贸易开放度等）被不少研究所证实。在变量选取方面，越来越体现出高级生产要素人力资本、技术进步等对服务贸易竞争力的影响，但是还没有研究将人力资本和技术进步因素纳入波特"钻石模型"进行系统性的研究。本研究通过将波特的"钻石模型"运用在对比分析中国和东盟各国旅游服务贸易竞争力影响要素中。

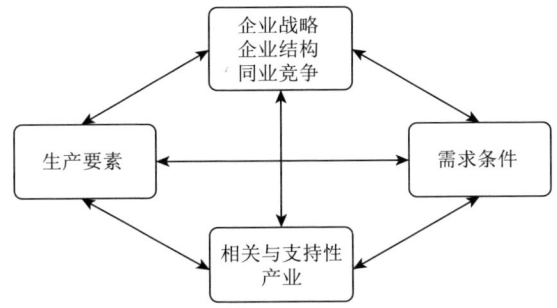

图 3-2　波特竞争理论的"钻石模型"

（五）基于服务贸易理论综合在本研究中的应用阐释

基于上述的国际贸易理论、要素禀赋理论、显示比较优势理论、波特竞争理论，我们可以得知，各国服务贸易之间既是竞争关系，又需要互相合作，促进区域经济整体发展。中国和东盟各国在旅游服务贸易竞争中，旅游服务贸易竞争力指数为比较各国旅游产业国际竞争力提供了参考依据。如图 3-3 所示，借鉴波特竞争理论的"钻石模型"，结合旅游服务贸易的具体情况，基于生产要素、国内需求、相关及支持产业、企业组织、战略结构与同业竞争、机遇与政府，建立旅游服务贸易竞争力要素评价模型，对中国和东盟各国旅游服务贸易竞争力影响要素进行比较分析。

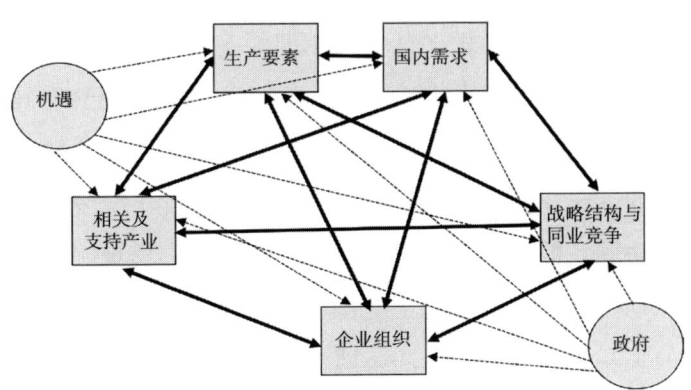

图 3-3　旅游服务贸易竞争力要素评价模型

三、协同理论的应用阐释

（一）协同理论

20世纪70年代，德国物理学家赫尔曼·哈肯（Hermann Haken）在研究激光理论过程中创立了协同学科。他出版的《协同学导论》提出了处理非平衡相变的理论和方法，即协同学。协同学（Synergetics）一词引自希腊语，意为合作的科学。哈肯用"Synergetics"来概况这个学说名称，原因在于：一是协同学是对多学科的融会贯通，其发展需要多学科之间的协作；二是协同学关注系统内各个子系统的相互协作和基于序参量作用实现整个系统结构与功能的协同。哈肯在吸纳系统理论观点的基础上，提出所有系统都是由不同的要素或者子系统构成，这些要素或者子系统又通过一定的途径交换或交流物质、信息和能量，这样的交流使得系统呈现一个整体效应或者形成一个新型架构。协同学以非平衡的开放式系统内部的自组织现象作为研究对象，研究如何使自组织行为发生推动这个系统形成新的有序结构。任何一个大系统都有着相对稳定的宏观结构。然而在这个既定的宏观结构内部，不同子系统之间存在着一定的竞争和其他相互作用。分析子系统之间如何发生相互作用，并最终导致大系统形成有序结构是协同学的研究核心内容。哈肯研究发现由大量子系统构成的系统在一定条件下，不同的子系统之间会相互协作，但是系统的行为不是子系统行为的简单叠加，所有子系统是有目的地组织起来的。事实上这个演化过程受到序参量的控制。序参量决定了演化的最终结构和有序程度，不同的系统序参量具有不同的意义。哈肯提出系统有序结构来源于子系统之间的协同。但是子系统由于自身的独立性会出现一些自发的、非线性的不规则运动，这些运动也有可能是完全独立的。在这种运动达到临界点前，子系统的关联较为薄弱，无法束缚上述的独立运动。协同学理论认为在系统走向临界状态的过程中，越接近临界点，系统稳定性就越低，当达到临界点的时候，系统稳定性就被破坏了。哈肯认为这个原理可以揭示任何系统结构形成的机理并进一步阐明结构演化的规律。在临界点的位置，有时候只有一个序参量存在，这个时候随着控制变量的变化，越过临界点，由一个序参量占据主导地位，单独决定系统的宏观结构。这时的有序，是各子系统之间协同产生的高一级有序。但是可能有多个序参量同时存在，每个序参量都可能主宰系统发展的方向。这个时候序参量需要达成一定的均势或者相互之间妥协，形成合力来控制系统。但是由于外界输入的物质、信息和能量发生了变化，有可能导致序参量之间竞争发生变化，序参量之间的关系也发生变动。不同的序参量之间力量对比发生变更，系统的发展方向也有可能发生变更。此时将存在着序参量之间的协同，也存在着内部竞争。这种协同与竞争就是促进系统结构不断变动、从一个层级的有序化到下一个层级的有序的关键所在。对协同的理解从过程角度来看，协同与竞争是相对立的；从效果的角度来看，协同代表着减少摩擦，整合发力以实现利益最大化。协同理论认为，在整个大环境中各个系统之间既相互影响又相互合作。"协同"从狭义上来说是与竞争对立的合作、互助和同步等的表现；广义上是指在复杂的系统内，各个子系统相互配合和支持最终实现系统总体目标的一种良性循环状态。

（二）协同理论的应用阐释

协同理论主要内容主要包括协同效应、伺服原理、自组织原理。具体地说，协同效应是指由于协同作用而产生的结果，复杂开放系统中大量子系统相互作用而产生的整体效应或集体效应。协同作用是系统有序结构形成的内驱力。任何复杂开放的自然系统或者社会系统都存在系统作用。在协同作用下，系统将在某种临界点发生质变产生协同效应，并从无序变为有序，从混沌转向形成某种稳定结构。伺服原理是指在系统转变过程中，慢变量战胜快变量，并成为最终决定系统有序转变的序参量。快变量在系统转变过程中受到的阻力更大，于是很快衰减；慢变量在系统转变过程中受到的阻力小，反而能够缓慢增长，在系统转变过程中存续下来，成为支配系统结构和功能的序参量。自组织原理是指在系统没有外部作用下，内部子系统之间能够自动有序地形成一定的稳定结构或功能。协同理论中的自组织原理主要针对系统各要素或子系统之间的协同，并认为这种协同是自组织过程的基础，系统内部各序参量之间的竞争以及协同作用是使整个系统产生新结构的根源。自组织原理阐明了开放复杂系统中大量要素或者子系统的集体、自发、自动的协同合作效应，并认为这种效应是系统自身内部矛盾运动的最终结果。自组织系统演化动力来自系统内部的竞争和协同两种相互作用。子系统的竞争使系统趋于非平衡，这是系统自组织的首要条件，子系统之间的协同作用又使子系统中的某些运动趋势被加以放大，进而推动系统向有序结构演化。当子系统之间相互关联引发的协同作用占据主导地位，系统就处于自组织状态，在整体上具有一定的结构和相应的功能。协同的产生需要子系统之间在价值创造上具有关联性且相互影响，这样才能保证产生正反馈机制，保证协同效应持续发挥作用。根据自组织原理，如果想要真正发挥系统功能，就需要注重提高系统的自组织能力，使系统内部的要素或者子系统能够发挥协调合作效应。通过增强系统的开放性，提高各要素或者子系统的自主性、主动性，加强各个要素或者子系统之间的协作，就能使其在自觉、协同及有序的环境下开展相关活动。

协同理论的形成和发展丰富了系统论，成为研究不同系统间共同特征及其协同机理的一门新兴学科，并被广泛应用到物理、化学、生物等自然科学和经济、社会、人文等社会科学领域。经济学领域中主要应用于如城市发展、经济繁荣与衰退、技术革新和经济事态等方面的各种协同效应问题，协同理论在经济学领域的广泛运用，使其成为研究经济学问题的一个实用理论。比尔·梅里蒂斯（Bill Merritees）、维罗妮卡·塞拉诺（Veronica Serrano）、托马斯·菲舍尔（Thomas Fischer）、刘莹等都运用协同理论研究区域经济协同发展。在本研究中拟采用协同理论来作为分析协同竞争效应的理论依据。当我们把国际旅游服务贸易视为一个系统的时候，子系统包括各国的旅游服务贸易活动和全球跨国旅游产业链。将协同理论应用于国际旅游服务贸易系统，各国的国际旅游服务贸易处在竞争和协调中。一方面，旧的旅游贸易联系和平衡不断被打破，新的贸易均衡在结构突变中产生，各国旅游服务贸易在竞争中共同进步，具有很强的协同相关性，各国旅游服务贸易竞争力将长期处于均衡状态。另一方面，由于各国旅游贸易在市场竞争中存在此消彼长的现象，各国旅游服务贸易的竞争关系又呈现不确定性和复杂性。政府、企业、市场组成了一个完整的经济系统结构，各个主体之间协同发展，努力发挥各自优势，相互协作和配合才能达到整体经济的发展。基于上述理论，本研究运用协同理论分析在竞争基础上，中国和东盟各国在旅游服务贸易竞争中关系如何，孰强孰弱；在竞争较量中各国之间是否又存在着一定的正向效应，即协调作用，最终中国和东盟各国是如何通过合作达到互惠互利的优良局面。

第二节　理论分析框架

国家之间的贸易往来是影响国家关系的重要因素，当两国发生冲突的时候，往往是在经贸方面采取措施。如果一国在贸易地位中比较高，则在处理国际关系的时候掌握更大的主动权。中国非常重视与周边东盟国家开展包括经济在内等各方面的合作，建立了中国—东盟自由贸易区的重要合作平台。贸易关系是中国地缘政治分析的重要视角，中国一直保持着和东盟各国密切的旅游往来，东盟国家是重要且特殊的群体，从贸易角度研究这些国家和中国的关系就显得尤为重要且必要了。那么中国和周边东盟各国的旅游服务贸易往来状况如何？中国与周边东盟国家在旅游服务贸易方面相互依赖程度如何？如果把中国和周边东盟国家作为一个整体，中国在这个旅游服务贸易网络中处于什么地位？在不同时间段，中国的地位是否发生了变化？这些问题目前还没有全面系统的研究。借助社会网络分析方法，从贸易角度探究中国周边地缘中国—东盟旅游服务贸易网络的整体结构和变化特征，并重点分析中、马、泰、越等国在旅游服务贸易网络中影响力的差异，进而从贸易角度更全面地分析中国的周边地缘环境。基于上述的理论依据，本研究的理论分析框架如图3-4所示。本研究重点探讨中国—东盟旅游服务贸易的关系格局，本研究首先基于核心—边缘理论从整体网络层面，利用经济数据运用社会网络分析方法实证研究中国—东盟旅游服务贸易网络格局特征，同时找出相关影响因素，结合中国—东盟旅游服务贸易发展现状总体评价中国—东盟旅游服务贸易格局。其次，基于国际贸易相关理论对旅游服务贸易和旅游服务贸易竞争力进行界定。在显示比较优势理论和要素禀赋理论的基础上，从竞争力评价体系的层面，对中国—东盟旅游服务贸易进行竞争力指数对比分析和竞争力影响要素比较分析。基于波特竞争理论，运用计量经济法实证研究检验影响中国旅游服务贸易竞争力的因素。最后，运用协同理论借助竞争力指数相关数据，实证检验中国和东盟主要国家在旅游服务贸易方面的长期竞合关系和短期竞合关系。通过不同视角的相互印证，以期多角度多层面阐释研究问题。由于东盟各国旅游服务贸易相关数据获取的有限性，故选取哪些指标来进行实证研究是本研究的重点和难点，也是本研究有可能的创新点。

鉴于此，本研究要解答的问题如下：

问题一：中国—东盟旅游服务贸易的格局是如何的？

问题二：新形势下中国和东盟各国中哪些国家在旅游服务贸易上具有比较优势？

问题三：中国和东盟主要国家之间的协同竞争效应是怎样的？各国之间的相互影响是正向的还是负向的，影响程度有多大？

鉴于此，本研究的理论分析框架如图3-4所示。

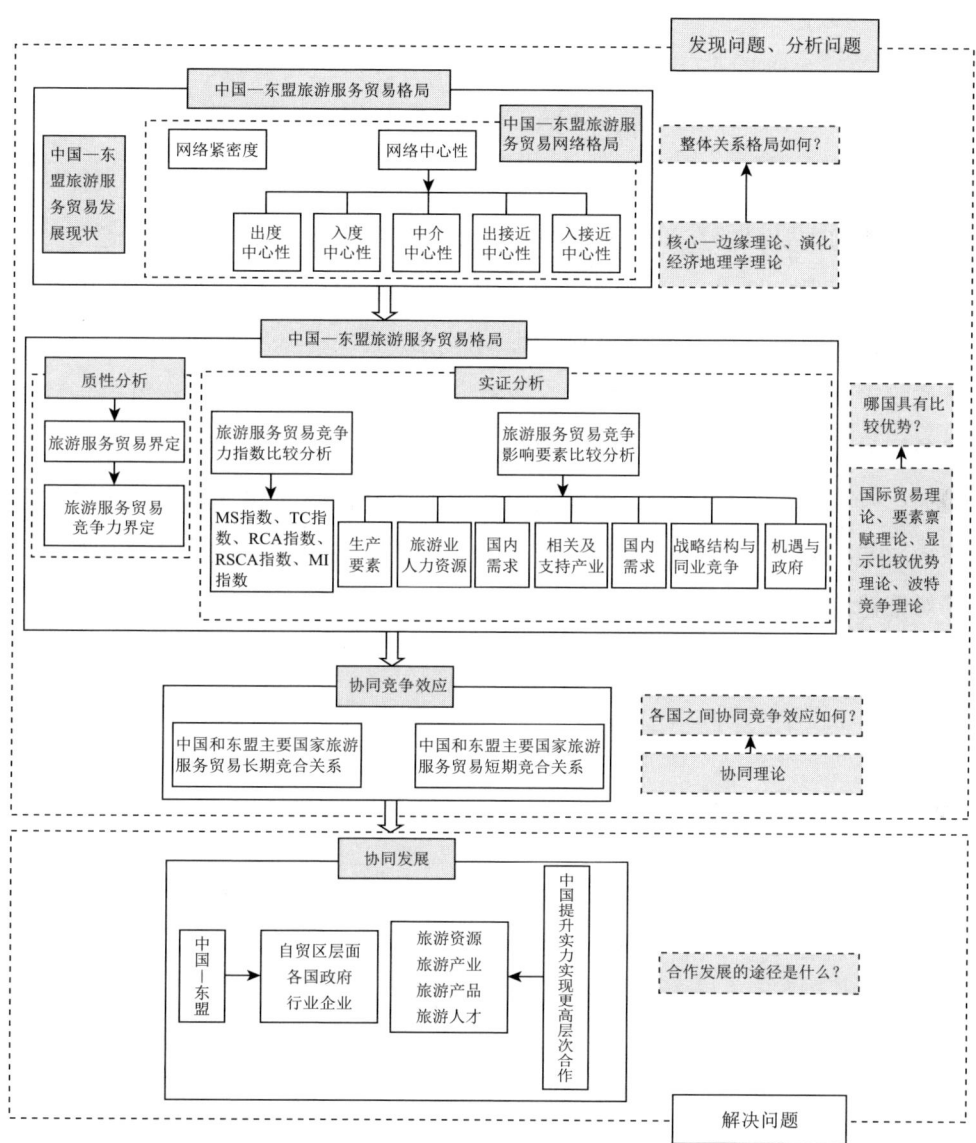

图 3-4 理论分析框架

第三节 本章小结

　　本章的主要目的在于为分析中国和东盟旅游服务贸易关系格局建立一个理论分析框架。首先，基于核心—边缘理论和演化经济地理学理论提出中国—东盟旅游服务贸易网络结构和影响因素。其次，基于国际贸易理论、要素禀赋理论、显示比较优势理论、波特竞争理论，从服务贸易竞争力指数和服务贸易竞争力影响要素分析中国和东盟各国旅游服务贸易竞争力，探究竞争力影响要素。然后，在协同理论的基础上，分析中国和东盟主要国家旅游服务贸易的协同竞争效应。最后提出中国—东盟旅游服务贸易协调发展关系的对策建议。

第四章

中国—东盟旅游服务贸易发展现状与基本特征

在经济全球化的背景下，区域经济一体化是解决发展的热点，根据世界贸易组织统计，目前全球已经有超过 300 个的区域贸易安排（RTA）。目前我国与东盟、新加坡、澳大利亚等国家和地区均建成了自由贸易区，区域贸易发展是我国服务贸易发展的趋势所在。东盟国家占据中国入境旅游客源国半壁江山，在中国—东盟自贸区成立以后，旅游服务贸易成为中国与东盟政治、经济和文化深入交流的重要体现，是连接中国和东盟各国双边贸易的重要桥梁。

第一节 东盟旅游服务贸易现状

东盟旅游服务贸易在整体服务贸易发展中一直占据 30% 以上，是促进东盟各国服务贸易发展的重要因素。其中出口是东盟旅游服务贸易的主要盈利部分，外汇收入年均超过 1200 亿美元。自从建立中国—东盟自由贸易区之后，游客和投入资金不断增加，助力东盟国家旅游的开发和建设，旅游服务贸易额明显增长。从图 4-1 可以看到 2005 年至 2019 年中国和东盟的泰国、新加坡、越南、马来西亚、印尼和菲律宾的旅游服务贸易出口额总体呈现上升趋势，其中2005—2015年中国旅游服务贸易出口额在七个国家中居于首位。从2016年开始泰国旅游服务贸易出口额一跃成为各国之首，可见2016—2019年泰国旅游业发展势头强劲，国际收支逐年上涨。2005—2014年马来西亚旅游服务出口额一直位列前三，其旅游服务贸易的实力也是比较强的。新加坡旅游服务贸易出口额在逐年上涨，2017年开始位居东盟各国前三，国际旅游影响力不断提高。如图4-2所示，从中国和东盟六国的旅游服务贸易进口额来看，2005—2019年中国一直排在首位，特别是2014—2019年进口额呈现较强增长势头。东盟六国旅游服务贸易进口额有一定增长，但是增速平缓。服务贸易由于各个贸易政策起步时间不同，开放性政策落地实施存在不同的滞后性，东盟地区各个国家的旅游服务贸易发展存在着明显的差距。泰国、新加坡、马来西亚、柬埔寨和菲律宾五个国家的旅游服务贸易总额占东盟旅游服务贸易总额的90%左右。越南、老挝、印度尼西亚、文莱和缅甸五个国家旅游贸易发展起步晚，五个国家旅游贸易总额仅占东盟旅游服务贸易总额的10%。总体而言，虽然部分国家旅游服务贸易起步较晚，但是东盟各国旅游服务贸易呈现积极发展的趋势。

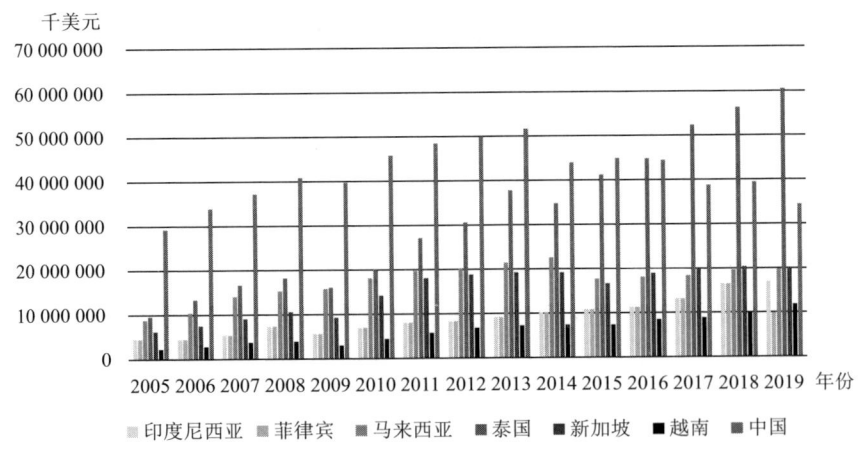

图4-1 2005—2019年中国和东盟六国旅游服务贸易出口规模变化状况

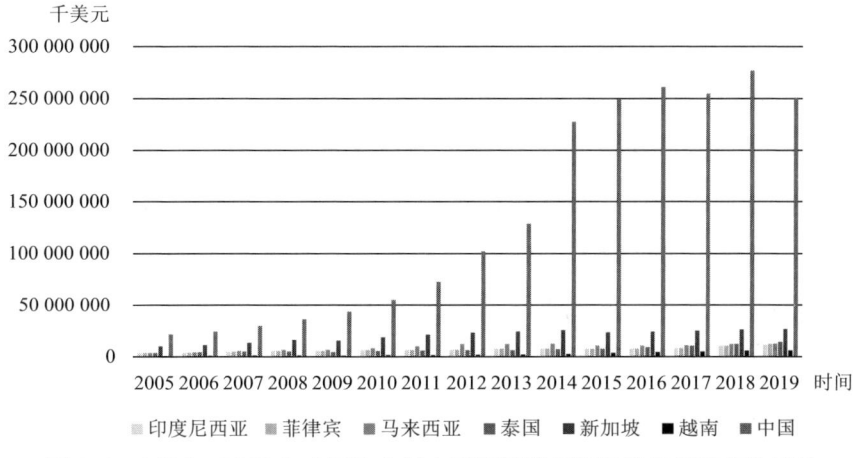

图 4-2　2005—2019 年中国和东盟六国旅游服务贸易进口规模变化状况

第二节　中国旅游服务贸易发展现状

当前，旅游服务贸易已经成为世界重要的服务贸易类型之一，把握中国在旅游服务贸易中的国际地位和发展趋势，对于中国在旅游服务贸易中提高国际竞争力具有重要的现实意义。

一、中国旅游服务贸易发展进程

（一）旅游服务贸易起步发展阶段：1949—1977 年

中华人民共和国成立之初，旅游服务贸易主要以政治接待为主，承担接待国外友好团体和华侨同胞的任务。旅游服务贸易只是作为外事工作的一部分，开展的工作重心主要在入境旅游接待上。

（二）旅游服务贸易初步发展阶段：1978—2000年

实施改革开放后，中国的服务业也逐步对外开放允许引进外资，但是很多行业外资引进比例做了较多限制，旅游业的外资准入门槛相对宽松一些，发展也较其他服务行业的步伐更快了一些。凭借着丰富的旅游资源和低廉的旅游成本，尽管旅游服务硬件设施比较匮乏，中国还是吸引了国际旅游者，入境旅游成为我国主要的创汇手段之一。在这一阶段，旅游业发展的重心是以增加旅游外汇收入为主的入境旅游，旅游外汇收入的增长速度超过了旅游接待人数的增长速度，旅游经济效益大大提高，形成了以入境旅游为主的旅游服务贸易顺差发展阶段。旅游服务贸易成为中国服务贸易部门中对国际贸易平衡贡献最大的部门。

（三）旅游服务贸易快速发展阶段：2001年以后

在2001年中国加入《服务贸易总协定》之后，中国服务行业逐步放宽准入标准，外资也享有国民待遇，逐步推动服务贸易的改革开放步伐，服务业开放领域和程度不断拓深，外商直接将投资更多投向了服务业，服务贸易迅速发展。中国旅游业中的饭店业开始接纳外资注入，中外合资和中外合作饭店陆续出现，这也在一定程度上带动了中国饭店业向国际经营管理靠拢提升的进程。旅游产业经历了由经济性产业到国民经济新的增长点，再到国民经济中的重要产业，最后定位为国民经济的战略性支柱产业。2007年以后，国民生活水平提高，出境旅游政策有所放松，中国出境规模日益扩大，居民旅游消费旺盛。2019年，我国公民出境旅游人数为1.55亿人次，是世界第一大出境旅游市场和第一大出境旅游消费国。出境旅游消费由1994年的30.36亿美元增长至2019年的1338亿美元。出境旅游蓬勃发展，出境旅游支出增长速度快于出境旅游人数增长速度。出境旅游井喷式的增长与入境旅游的缓慢发展形成了鲜明对比，入境旅游收入与出境旅游支出的差距不断加大，进入了旅游服务贸易逆差发展阶段。尽管新冠疫情放缓了全球出境旅游增长的部分，但是我国出境旅游市场潜力大，疫情之后将很快复苏，我国旅游服务贸易逆差的情况可能仍然存在，但是随着贸易总规模的减小，逆差规模将有所减小。

二、中国旅游服务贸易发展的变化趋势

在经济全球化的带动下，中国服务贸易和旅游服务贸易快速增长，规模一直处于全球前列，但是长期处于贸易逆差的状况，国际竞争力较弱。旅游服务贸易占我国服务贸易比重约40%，是我国服务贸易的重要组成部分。补齐旅游服务贸易短板，才能有效提高旅游服务贸易的国际竞争力。从表4-1可以看到，中国旅游服务贸易进出口总额从2000年的293亿美元，增长至2019年的2851亿美元，增长了近10倍。如图4-3所示，从2009年开始，随着进口增速快于出口增速，旅游服务贸易逆差在不断扩大，逆差规模从2009年的40亿美元扩大到2019年的2162亿美元。2000—2006年中国旅游服务贸易占中国服务贸易的比重在30%以上，2007—2011年中国旅游服务贸易占中国服务贸易的比重在25%~29%，2012—2019年中国旅游服务贸易占30%以上，最高值在2016年达到46%，可见中国旅游服务贸易在中国服务贸易中占据主导地位。2000—2019年中国旅游服务贸易占世界旅游服务贸易的比例从3.31%上升至10.31%，最高值在2016年达到12.55%。从绝对数量上看，中国旅游服务贸易占了世界旅游服务贸易的近1/10。

表 4-1　2000—2019 年中国旅游服务贸易统计

单位：千美元

年份	中国旅游服务贸易出口额	中国旅游服务贸易进口额	中国旅游服务贸易进出口总额	贸易差额	世界旅游服务贸易总额	中国旅游服务贸易进出口总额占中国服务贸易总额比重	中国旅游服务贸易进出口总额占世界旅游服务贸易总额比重
2000	16 231 000	13 113 700	29 344 700	3 117 300	887 622 739	44.15%	3.31%
2001	17 792 000	13 909 000	31 701 000	3 883 000	869 822 555	43.66%	3.64%
2002	20 385 000	15 398 000	35 783 000	4 987 000	936 421 401	41.48%	3.82%
2003	17 406 000	15 187 300	32 593 300	2 218 700	1 047 208 765	31.93%	3.11%
2004	25 739 000	19 737 400	45 476 400	6 001 600	1 240 839 725	33.04%	3.66%
2005	29 296 000	21 759 100	51 055 100	7 536 900	1 353 912 957	32.24%	3.77%
2006	33 949 000	24 321 700	58 270 700	9 627 300	1 437 351 718	30.22%	4.05%
2007	37 233 000	29 786 000	67 019 000	7 447 000	1 527 861 260	26.56%	4.39%
2008	40 843 000	36 157 000	77 000 000	4 686 000	1 801 236 584	25.16%	4.27%
2009	39 675 000	43 701 700	83 376 700	-4 026 700	1 649 193 593	28.92%	5.06%
2010	45 814 000	54 880 000	100 694 000	-9 066 000	1 798 471 802	28.33%	5.60%
2011	48 464 000	72 585 056	121 049 056	-24 121 056	1 992 817 313	29.20%	6.07%
2012	50 028 000	102 000 000	152 028 000	-51 972 000	2 081 959 338	32.17%	7.30%
2013	51 664 000	128 576 000	180 240 000	-76 912 000	2 144 700 394	33.53%	8.40%
2014	44 043 681	227 343 733	271 387 414	-183 300 052	2 487 734 557	41.62%	10.91%
2015	44 968 719	249 830 544	294 799 263	-204 861 825	2 380 315 393	45.06%	12.38%
2016	44 425 974	261 129 140	305 555 114	-216 703 166	2 434 701 052	46.18%	12.55%
2017	38 799 277	254 788 887	293 588 164	-215 989 610	2 609 443 839	42.20%	11.25%
2018	39 467 770	276 899 970	316 367 740	-237 432 200	2 794 364 389	39.71%	11.32%
2019	34 458 292	250 739 779	285 198 071	-216 281 487	2 767 258 888	36.38%	10.31%

数据来源：根据 WTO 官方网站数据库整理计算得出。

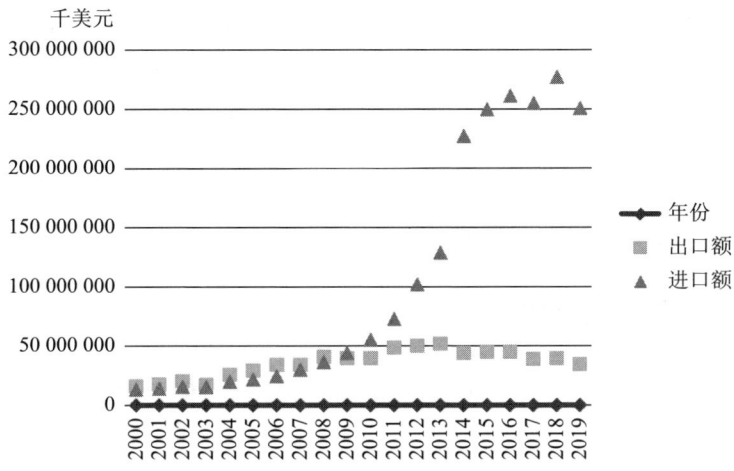

图 4-3 2000—2019 年中国旅游服务贸易出口额和进口额对比

三、中国旅游服务贸易发展中存在的问题

（一）旅游服务贸易逆差逐年加大

尽管中国旅游服务贸易总体规模较大，但是在发展过程中，进口增长迅速，出口增长放缓，贸易逆差一直扩大，导致整体竞争力水平较低。2000—2008 年旅游服务贸易进出口基本平衡，保持顺差，2009 年开始出现逆差且逐年加大，2018 年中国国际旅游支出为 2773 亿美元，是世界上最大的国际旅游消费市场。中国的国际旅游支出过高，成为中国旅游服务贸易逆差的主要来源。中国旅游服务贸易逆差中，最大部分是旅游购物，中国出境游客乐于购买奢侈品，消费能力非常高。

（二）入境旅游客源市场单一

从国别和地区看入境旅游客源主要来自中国香港、澳门地区；从国别来看，主要集中在东盟国家和与我国政治经济关系往来密切的国家，如俄罗斯、日本和美国等。根据中国旅游研究院《2019年中国入境旅游发展报告》，即使不考虑中国港澳台地区，亚洲地区依旧是中国最主要的客源市场，占外国人入境市场的比重稳定在60%左右，其次是欧洲（20%）和北美市场（10%），整体上看，亚洲、欧洲和北美三个地区占据了90%的外国人入境客源市场，是中国入境旅游市场的主体构成。

（三）旅游服务贸易附加值不高

如图4-4所示，国家统计局数据显示，2015—2019年中国国际旅游外汇收入持续增长，2019年中国国际旅游外汇收入为1312.54亿美元，同比上升3.3%，其中民航外汇收入为369.02亿美元，商品销售收入为302.97亿美元，住宿收入为200.49亿美元，餐饮收入为160.41亿美元，交通和食宿为主要收入来源，占比超过60%，游客在购物、娱乐、通信和其他非基本消费方面占比较小，不到40%。

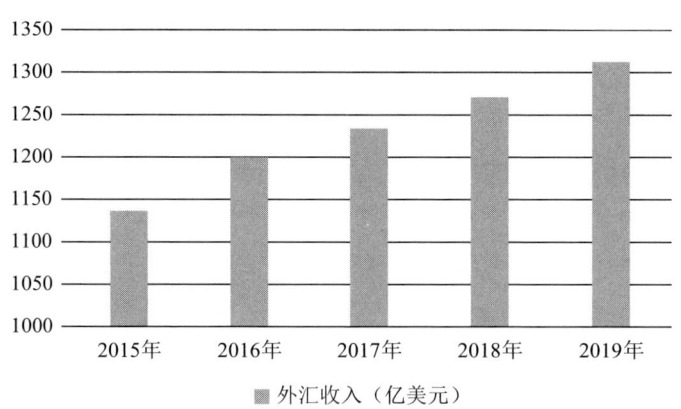

图4-4　2015—2019年中国国际旅游外汇收入变化情况

（四）旅游出口竞争力不强

2007—2018年，美国、西班牙、法国等旅游服务贸易大国在国际市场份额的占比分别一直保持在 15%、7% 和 6%，排名前三，意大利、德国、英国紧随其后。中国旅游出口竞争力不强，在国际市场占比一直低于 5%，所占市场份额不高。世界旅游城市联合会与中国社会科学院旅游研究中心日前共同发布的《世界旅游经济趋势报告（2019）》中，旅游总收入排名前二十的国家中，中国排在美国之后，位居第二，东盟国家中泰国（第十四名）、菲律宾（第十六名）也处在前二十名，实力不容小觑。

第三节　中国—东盟旅游服务贸易基本特征

一、中国—东盟自由贸易区促进了相互间旅游服务贸易的发展

根据 WTO 发布的《2019 世界贸易报告》，服务业已经成为全球经济支柱，服务贸易在推动经济增长、提高资源配置等方面发挥着举足轻重的作用。随着世界产业结构的不断调整，目前在全球的经济总量中，服务业已占 60% 以上，全球 FDI 总额的一半以上流向了服务业，发达国家服务业就业人数占总就业人数的 69%。与服务业快速发展相适应，各国服务业对外贸易日益扩大，2015 年世界服务贸易出口总额达到 92 450 亿美元，占世界贸易总额的 56.2%，服务贸易已成为影响各国经济发展的重要因素。1991 年中国和东盟开始对话，1996 年中国成为东盟的全面对话伙伴国。2010 年 1 月 1 日中国—东盟自由贸易区（CAFTA）正式全面启动。自贸区建成以后，中国和东盟的贸易总额占到世界贸易总额的 13%，这个涵盖 11 个国家、19 亿人口、GDP 超过 6 万亿美元的经济体成为发展中国家间最大的自贸区，它是世界上人口最多的自由贸易区。中国和东盟各国先后签署了《中国—东盟全面经济合作框架协议》《服务贸易协议》《货物贸易协议》等重要合作协议，为中国与东盟各国在经

济和文化等领域的互惠互利合作奠定了坚实的基础。中华人民共和国商务部、国家统计局和国家外汇管理局联合发布的《2018年度中国对外直接投资统计公报》显示，截至2018年底，中国和东盟双向累计投资额达2057.1亿美元，东盟成为中国企业对外投资的重点地区，有力地促进了区域内各国经济增长和带动就业。2020年是中国—东盟自贸区建立10周年，10年来自贸区有效推动了区域内的贸易投资自由化、便利化，中国与东盟进入了经贸合作的黄金时期，双边贸易额从2010年的2928亿美元增长至2019年的6415亿美元。截至2019年底双向投资额达到了2230亿美元，总体结构趋于平稳，中国—东盟自贸区成为全球最具活力的自由贸易区之一。2020年11月15日，东盟十国和中国、日本、韩国、澳大利亚和新西兰正式签署区域全面经济伙伴关系协定（RECP）。RECP的签署为中国和东盟各国提升区域内贸易投资自由化水平，为中国与东盟之间的经贸互动注入新动力，为建立新的经贸和旅游秩序带来了更多的机遇和空间。2021年是中国—东盟建立关系对话30周年，海关数据显示，2020年前8个月，我国与东盟的贸易总额为29 300亿元左右，同比增长7%，占我国对外贸易总额的14.6%。排在第二和第三位的分别为欧盟和美国，与我国的贸易总额分别为28 100亿元和24 200亿元。这是东盟历史上首次超过欧盟和美国，成为我国最大贸易伙伴。与此同时，我国也成为东盟的最大贸易伙伴。

二、中国与东盟互为主要客源国

中国是东盟第一大旅游客源国，东盟也是中国游客最喜爱的旅游目的地之一。2018年双方人员往来约5700万人次，每周有近4000个航班往返于中国和东盟国家之间。2019年双向人员往来更是突破6500万人次大关。根据中国旅游研究院公布的数据，如表4-2所示，2016—2018年中国主要十大客源国中越南、缅甸、马来西亚、菲律宾和新加坡一直位列其中。2019年按入境旅游人数排序，我国主要国际客源市场前二十位国家中，缅甸、越南、马来西亚、菲律宾、新加坡和泰国分列第一、第二、第八、第九、第十、第十二位。在入境中国旅游的客源国中，排名前十的国家有五个来自东盟各国，对中国入境旅游贸易总额的贡献超过20%。东盟各国的旅游服务贸易来源除区域内的各个国家之外，中国游客成为东盟旅游主力，旅游消费迅猛增长，东盟国家获得了巨额的外汇收入。中国与东盟各国在地理位置、政治和谐发展、经贸往来的共同作用下，双方旅游交流更加深入，中国与东盟已经互为重要旅游客源国和目的地，有效地带动了中国与东盟旅游服务贸易的进一步发展。

表4-2 2016—2018年中国主要客源国

2016年		2017年		2018年	
1	韩国	1	缅甸	1	缅甸
2	越南	2	越南	2	越南
3	日本	3	韩国	3	韩国
4	缅甸	4	日本	4	日本
5	美国	5	俄罗斯	5	美国
6	俄罗斯	6	美国	6	俄罗斯
7	蒙古国	7	蒙古国	7	蒙古国
8	马来西亚	8	马来西亚	8	马来西亚
9	菲律宾	9	菲律宾	9	菲律宾
10	新加坡	10	新加坡	10	新加坡

数据来源：中国旅游研究院（文化和旅游部数据中心）。
注：以上排名使用的入境人次数包括边境人次数。

三、中国—东盟双方旅游服务贸易合作紧密

在中国—东盟自贸区框架下，中国和东盟各国在旅游服务贸易方面开展

了积极的合作，包括旅游资源开发与保护、旅游线路规划、旅游人才引进和培训等。大湄公河次区域的建设、泛北部湾经济合作区的建立，提供了地理、经济和人文优势的背景，促进了中国和东盟各国打造综合性旅游贸易发展区域，实施综合性战略合作，吸引了游客。中国与部分东盟国家落实放宽签证政策，达成共同修建铁路的计划，为促进中国和东盟各国旅游服务贸易往来的发展提供了便利条件。可以说，中国和东盟各国的旅游贸易往来是双边经济的重要组成部分，将带动各国服务贸易的发展，促进中国和东盟各国人民的文化交流与合作，推进中国—东盟自贸区的经济快速、健康、稳定发展。

四、中国和东盟旅游服务贸易占比贡献显著

从表4-3可以看到，2019年旅游业对GDP的贡献分析中，泰国、菲律宾和柬埔寨旅游业对GDP的总贡献均超过了20%，可见旅游业已经成为这些国家重要的经济支柱。中国、新加坡、马来西亚和老挝四国旅游业对GDP的总贡献在10%~12%，旅游业是这些国家经济发展的重要产业。越南、印度尼西亚、缅甸和文莱四国旅游业对GDP的总贡献在5%~7%，旅游业在这些国家经济发展中占据一定的位置。总体而言，中国和东盟各国都看到了旅游业对本国GDP的贡献作用，各国政府都非常重视旅游业的发展。

表4-3　2019年中国和东盟各国旅游业对GDP贡献值及所占比例

国家	旅游对GDP贡献（美元）	旅游对GDP总贡献占比（%）
中国	16 656亿	11.6
泰国	1065亿	20.1
新加坡	392亿	11.1
马来西亚	418亿	11.7
越南	232亿	7

续表

国家	旅游对GDP贡献（美元）	旅游对GDP总贡献占比（%）
印度尼西亚	647亿	5.9
菲律宾	900亿	22.5
柬埔寨	69.7亿	25.9
缅甸	5.548亿	5.9
老挝	18.907亿	10
文莱	7.295亿	5.6

第四节　本章小结

中国—东盟地区在世界服务贸易发展中居重要地位，研究中国—东盟地区服务贸易发展对于了解世界服务贸易发展形势，具有重要意义。随着服务贸易的发展，国际贸易自由化成为国际贸易自由化领域的新议题，乌拉圭、多哈回合等都将推动服务贸易自由化发展作为重要议题纳入谈判范畴。但由于WTO多边贸易体制要求在协商一致的谈判基础上达成协议，在参与成员多、议题范围广的情况下，这种机制不但无助于谈判的进行，反而会起到抑制作用。相对而言，区域内合作涉及经济体数量少，经济发展水平接近，更容易就利益相关问题达成一致意见。因此，各国纷纷考虑推行服务贸易FTA合作计划，来替代多边体系谋取当前利益。中国作为东盟地区重要经济体，在中国—东盟服务贸易发展中处于何种位置，成为我国对外贸易策略的重要内容。在这一背景下，考察中国—东盟旅游服务贸易的发展及合作情况，研究目前中国—东盟旅游服务贸易合作的贸易效应，就显得更为重要了。

第五章

中国—东盟旅游服务贸易的网络结构及其影响因素

根据世界贸易组织公布的 2020 年版世界贸易统计数据，2019 年世界服务贸易总额达到 589 800 亿美元，其中旅游服务贸易总额 14 160 亿美元。东盟地区作为目前世界经济发展最活跃的地区之一，中国与东盟之间由于地缘关系的邻近，一直以来与中国有着友好往来的历史，尤其是在 2007 年 1 月 14 日中国—东盟自由贸易区《服务贸易协议》正式签署后，中国和东盟经济的共同发展得到进一步推动。2020 年是中国—东盟自贸区建立 10 周年，10 年来的成就显示自贸区有效推动了区域内的贸易投资自由化、便利化，中国与东盟进入经贸合作的黄金时期。根据 2020 年 9 月 27 日中华人民共和国国务院新闻办公室举行的中国—东盟经贸合作情况发布会公布的数据，中国与东盟双边贸易额从 2010 年的 2928 亿美元增长至 2019 年的 6415 亿美元；截至 2019 年底双向投资额达到了 2230 亿美元，使中国—东盟自贸区成为全球最具活力的自由贸易区之一。中国海关总署发布的数据显示，2020 年，中国与东盟贸易额 6846.0 亿美元，同比增长 6.7%。其中，中国对东盟出口 3837.2 亿美元，同比增长 6.7%；自东盟进口 3008.8 亿美元，同比增长 6.6%，东盟超过欧盟成为中国第一大货物贸易伙伴，中国也连续12年保持东盟第一大贸易伙伴地位，这显示出中国—东盟经贸关系十分稳定。本章将基于2015年、2018年中国和东盟各国的旅游服务贸易数据，以中国—东盟旅游服务贸易网络格局为研究对象，采用SNA方法测量网络的整体特征，了解中国—东盟地区旅游服务贸易状况，使用QAP方法实证检验决定旅游服务贸易网络结构的影响因素。

第一节　数据来源

根据前述旅游服务贸易概念，选取境外旅游消费作为衡量旅游服务贸易额的重要指标，选择中国—东盟（ASEN）的11个成员国作为旅游服务贸易网络构成的节点，以出境游客的客源国为起点，提供入境旅游接待服务的目的地国家为终点，其间的旅游者在旅游目的地国家旅游消费即可代表彼此之间建立了旅游服务贸易关系。由于没有中国—东盟国之间相互往来的官方统计数据，因此在本研究中通过采用间接数据作为其数据来源。其具体计算方法：根据UNWTO公布的世界旅游统计数据，选取中国—东盟11个成员国的入境旅游总收入和入境旅游人数计算该国入境旅游人均旅游消费支出，再以该国入境旅游消费支出乘以客源地的入境旅游人次，从而得到该客源地的入境旅游总消费，代表该国的旅游服务贸易出口总额。以中国为例，将中国入境东盟某个国家（设为j国）的旅游人数乘以当年j国入境旅游人均旅游消费支出，得到中国到j国的入境旅游总支出，即为中国对j国的旅游服务贸易出口额，以此类推得到中国和东盟各个客源国之间的旅游服务贸易出口额，由此构建中国和东盟各国双边旅游服务贸易数据。然后，运用社会网络分析方法构建网络模型，探讨中国—东盟旅游服务贸易网络的结构特征，数据采集的来源年度为2015年和2018年。地理距离、文化距离等指标数据将在文中的第五节详细说明。

第二节 数据分析方法说明

在实证研究过程中，引力模型是传统且大多数学者青睐的测度双边贸易流量工具之一，但是引力模型需要解决传统计量方法要求的变量之间相互独立假设产生的问题。社会网络分析方法作为一种非参数估计方法，对模型的设定不要求自变量之间相互独立，在处理关系数据时更为稳健（Barnett, 2007）。使用网络分析方法研究旅游服务贸易网络特征及影响因素，其优势在于：一是构建的网络节点之间联系更为清晰和直观，可以清楚地呈现旅游服务贸易网络的结构特征，所得出的结果比单纯分析属性数据更客观；二是网络分析方法不仅适用于微观层面的个体关系，也能对宏观的社会关系、组织结构进行分析，目前社会网络分析已被视为结构分析中最具有说服力的方法之一。可见，使用社会网络方法检验网络结构的特征和影响因素更为适用。本文从网络整体特征、网络个体特征和网络影响因素三个维度出发，选取网络密度、中心性等指标来探讨中国—东盟旅游服务贸易网络的结构特征。对于影响中国—东盟旅游服务贸易网络结构的因素，本文将采用 QAP 回归分析方法进行讨论。

一、社会网络分析法

社会网络分析方法通过对网络中关系的分析探讨网络的结构及其属性，包括网络中的整体属性和网络个体属性。网络整体属性分析包括凝聚子群、小团体研究等。网络个体研究属性包括接近中心度、点度中心度等。

（一）网络密度指标

网络密度是反映网络整体情况的重要指标。其中网络密度表示各个节点之间联系的紧密程度，是网络中实际存在的关系数量与理论上可能存在的关系数量之比。节点间的国家关联越多，网络密度值越大，说明网络贸易等级越高，节点国家的整体网络和节点的开放程度和获取资源能力越强。网络密度的计算公式为：

$$D = m/n(n-1)$$

其中 D 为网络密度，取值范围是 [0，1]，m 代表的是实际存在的关系数，n 代表网络中节点国家的个数。

（二）中心性指标

通常使用点度中心度、介数中心性和接近中心性三个指标来刻画网络贸易中各节点国家的作用和地位。

点度中心度是与该点有直接关系的点的数目。点度中心度值越大，节点中心性越强，表明网络中一个节点与其他节点的交际能力越强，拥有的资源和权力越大。网络的点度中心度分为出度中心性和入度中心性，它们分别表示该节点发出和接收关系的能力，即中国和东盟各国之间的旅游服务贸易出口进口能力。出度中心性和入度中心性的计算公式为：

$$C_{0,i} = \sum_{j=1, j \neq i}^{N} l_{ij}/(N-1)$$

$$C_{I,i} = \sum_{j=1, j \neq i}^{N} l_{ji}/(N-1)$$

其中 $C_{0,i}$ 和 $C_{I,i}$ 表示节点 i 的出度中心性和入度中心性，l_{ij} 为 l_{ji} 为节点 $i(j)$ 指向节点 $j(i)$ 的联系强度。

介数中心性测度是一个节点在多大程度上位于其他节点的"中间"，它反映节点国家在网络中对于资源的控制能力。介数中心性数值越大,说明该国占据的位置越核心,具有更多的结构优势。介数中心性的计算公式为:

$$C_B = [\sum_{j<k} a_{jk}(c_j)/a_{jk}]/(n-1)(n-2)$$

其中 $a_{ij}(c_j)$ 代表两个节点之间捷径的数目;a_{jk} 代表国家 c_j 与国家 c_i 间捷径的数目。

接近中心性分为出接近中心性和入接近中心性,它们反映了一个节点在发出和接收关系的时候不受其他节点控制的程度。使用 $CC_{0,i}$ 和 $CC_{I,i}$ 表示出接近中心性和入接近中心性,$a_{ij}a_{ji}$ 表示节点 $i(j)$ 到达节点 $j(i)$ 最短路径的平均长度,出接近中心性和入接近中心性的计算公式如下:

$$CC_{0,i} = (N-1)/\sum_{j=1,j\neq i}^{N} a_{ij}$$

$$CC_{I,i} = (N-1)/\sum_{j=1,j\neq i}^{N} a_{ij}$$

二、QAP 分析方法

QAP 分析方法又称"测量关系之间关系的方法"(Otte E. & Rousseau R.,2002),是一种非参数估计方法,包括 QAP 相关分析和 QAP 回归分析。QAP 相关分析主要分析两种关系矩阵是否显著相关;QAP 回归分析考察的是多个关系矩阵与一个关系矩阵间的关系,通过将矩阵转换为长向量进行多元回归分析。通常来说解释变量和被解释变量是含有关系类型的数据,这些数据通常存在着自相关性,简单回归可能会引发多重共线性等问题,网络分析方法在有效规避这些问题的同时,QAP 回归分析作为一种非参数法,不要求自变量之间相互独立,在处理关系数据时显得更为稳健,可有效检验关系数据之间的关系。因此，应用 QAP 算法优于 OLS 算法。

第三节　整体网络结构及中心性测算

一、数据处理说明

国际贸易的网络结构特征可以从两方面进行测算：一个是通过权重测算网络特征；另一个是通过二元网络测算网络节点的特征，即通过设定一个切分值来确定贸易关系是否存在，当双边贸易流量大于该切分值则建立关系，赋值为 1，反之赋值为 0。

本文采用设定切分值的二元网络方法，测算中国—东盟旅游服务贸易网络结构特征。测算过程：首先，用贸易矩阵 M 表示中国—东盟各国之间双边服务贸易关系，矩阵 M 中第 i 行、第 j 列的元素 m_{ij} 为第 i 国出口到第 j 国的旅游服务贸易量，即入境旅游人数乘以该国入境人均旅游支出。其次，求取矩阵 M 中所有数值的均值，经计算得到该均值为 75 202 876.12 美元。最终确定以整数 75 200 000 美元为切分值进行二值化处理，即高于或等于该切分值的国家为 1，低于该切分值的国家为 0，这样便可得到矩阵 G，即一个表示中国和东盟各国之间旅游服务贸易的二元关系网络。

二、测算网络结构可视化

根据上述得到的矩阵 G，使用 Ucinet6.0 可视化 NetDxraw 分别绘制 2015 年和 2018 年中国—东盟地区的旅游服务贸易网络的空间结构图，如图 5-1 和图 5-2 所示。

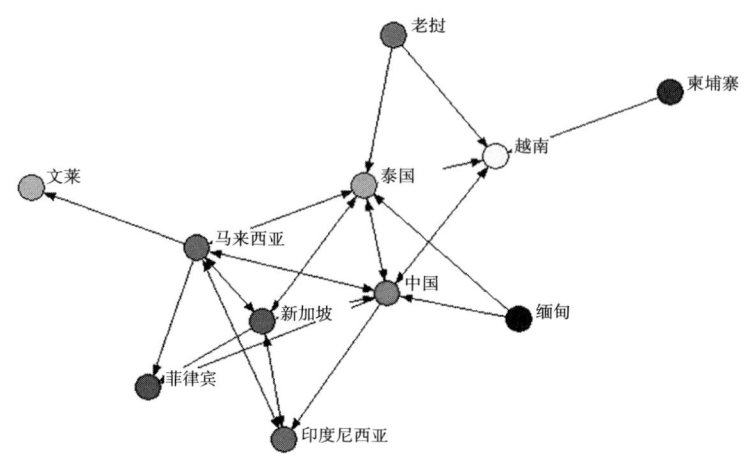

图 5-1　2015 年中国—东盟地区的旅游服务贸易网络空间结构

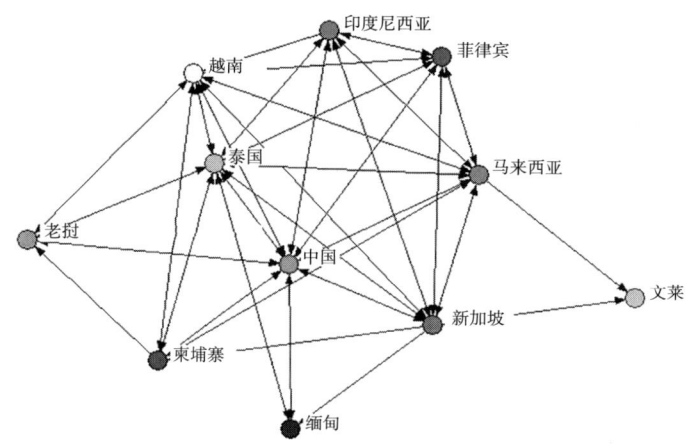

图 5-2　2018 年中国—东盟地区的旅游服务贸易网络空间结构

图 5-1 和图 5-2 反映了中国—东盟各国旅游服务贸易相互关联的网络，从图中可以看出各个节点国家在整个网络中所处的环境和位置。2015 年，泰国、中国、新加坡、越南四个国家处于网络的中心位置，与其他国家联系较为紧密，对其他国家的辐射作用和影响作用较大。2018 年，马来西亚和菲律

宾新晋成为位于网络中心位置的国家,即中国、泰国、马来西亚、新加坡、越南和菲律宾六个国家处于网络的中心位置,与其他国家联系较为紧密,对其他国家的辐射作用和影响作用较大。测度结果表明,三年期间马来西亚的旅游业发展迅速,新加坡、印度尼西亚、中国、泰国是马来西亚主要旅游客源地;据统计,马来西亚旅游业收入占到国内生产总值的15.2%,提供了23.5%的就业岗位。根据菲律宾旅游局公布的数据,2018年国际旅游人次达到了712万人次,比2017年增加了7.6%,是菲律宾有史以来最高纪录。世界旅游组织的数据表明菲律宾旅游业增长高于东南亚国家平均水平(6%),旅游业成为菲律宾的支柱产业之一。可见,其测度结果与这些国家公布的实际旅游流量相互印证。

三、测算结果分析

表5-1从网络密度、节点间连接数、中心势、网络路径、平均最短路径等方面报告了2015年、2018年中国—东盟旅游服务贸易网络的整体特征。网络密度越接近1,网络的密度越高,网络中的各国贸易联系紧密度越高;网络密度越接近0,说明网络越稀疏。从结果可以看到2015年中国—东盟旅游服务贸易网络密度值为0.264,网络节点国家之间的旅游服务贸易联系程度相对较低,联系不紧密,特别是文莱、老挝和柬埔寨关系较为松散。2018年中国—东盟旅游服务贸易网络密度值为0.564,旅游服务贸易网络联系度增强,中国—东盟各国国家之间的双边旅游服务贸易联系中,有一半的国家建立了相互关系,整体结构比较紧密,比2015年其网络密度提高了30%。随着中国与东盟国家旅游往来加强,已逐步形成双向交流、优势互补、互利共赢的良好局面,中国—东盟各国之间的贸易网络化程度得到了整体提高。中心势表示的是网络节点向某个中心靠拢的程度,数值越接近1,说明中心势越高,整体结构越接近星形。2015年中国—东盟旅游服务贸易网络出中心势为0.370,

入中心势为 0.260，处于中等偏下水平；平均最短路径约为 4，这表明平均每对贸易参与国之间需要通过 2 个国家建立间接贸易关系。2018 年中国—东盟旅游服务贸易网络出中心势为 0.370，入中心势为 0.370，处于中等水平；平均最短路径约为 3，这表明平均每对贸易参与国之间需要通过 1 个国家建立间接贸易关系，每对贸易国之间的合作路径变短了，合作效率有所提高。总体而言，2018 年中国和东盟各国旅游服务贸易联系的网络密度较 2015 年有所提高，网络化程度逐渐加深。

表 5-1 2015 年和 2018 年中国—东盟旅游服务贸易网络整体测度结果

年份	网络密度	节点间连接数	出中心势	入中心势	网络直径	平均最短路径
2015 年	0.264	29	0.370	0.260	4	1.758
2018 年	0.564	62	0.370	0.370	3	1.400

第四节 网络中心性测度

一、总体的中心性特征

网络中心性包含点度中心性、接近中心性、中介中心性等。点度中心性反映的是一个节点和其他节点联系的多少，衡量的是一个国家和其他国家交换商品或服务的能力，在本研究中主要衡量哪些国家在双边旅游服务贸易中处于中心地位，与其他国家贸易联系程度。接近中心性则反映了商品和劳务在国家之间流动的通畅性，中介中心性体现了一个国家在贸易关系上对其他国家的控制和依赖程度，根据这三个中心性的测度结果，可以判断这些国家在旅游服务贸易网络中的地位。中国—东盟旅游服务贸易中心性测算结果如表 5-2 所示。

表 5-2　2015 年和 2018 年中国—东盟旅游服务贸易网络的个体特征

出度中心性			入度中心性			中介中心性			出接近中心性			入接近中心性		
排名	国家	数值	排名	国家	数值	排名	国家	数值	排名	国家	数值	排名	国家	数值
2015 年														
1	中国	6.000	1	中国	5.000	1	中国	19.67	1	中国	0.435	1	中国	0.476
1	马来西亚	6.000	1	泰国	5.000	2	马来西亚	11.167	2	马来西亚	0.435	2	泰国	0.455
2	新加坡	5.000	2	越南	4.000	3	泰国	8.500	3	新加坡	0.417	2	菲律宾	0.455
3	泰国	4.000	2	新加坡	4.000	4	越南	8.000	4	泰国	0.400	3	越南	0.435
4	老挝	2.000	2	马来西亚	4.000	5	新加坡	3.167	4	缅甸	0.400	3	新加坡	0.435
4	缅甸	2.000	3	菲律宾	3.000	6	菲律宾	0.000	5	老挝	0.370	3	马来西亚	0.435
4	印度尼西亚	2.000	3	印度尼西亚	3.000	6	老挝	0.000	6	印度尼西亚	0.357	4	印度尼西亚	0.400
5	越南	1.000	4	老挝	2.000	6	缅甸	0.000	7	越南	0.345	5	老挝	0.370
5	柬埔寨	1.000	5	文莱	1.000	6	印度尼西亚	0.000	8	柬埔寨	0.313	5	文莱	0.370
6	菲律宾	0.000	6	缅甸	0.000	6	柬埔寨	0.000	9	菲律宾	0.200	6	缅甸	0.200
6	文莱	0.000	6	柬埔寨	0.000	6	文莱	0.000	9	文莱	0.200	6	柬埔寨	0.200

续表

出度中心性			入度中心性			中介中心性			出接近中心性			入接近中心性		
排名	国家	数值	排名	国家	数值	排名	国家	数值	排名	国家	数值	排名	国家	数值
2018年														
1	泰国	9.000	1	中国	9.000	1	泰国	12.567	1	泰国	0.909	1	中国	0.769
1	新加坡	9.000	1	泰国	9.000	2	中国	10.233	1	新加坡	0.909	1	泰国	0.769
2	中国	8.000	2	越南	7.000	3	马来西亚	6.567	2	中国	0.833	2	越南	0.667
2	马来西亚	8.000	2	马来西亚	7.000	4	新加坡	6.067	2	马来西亚	0.833	2	马来西亚	0.667
3	越南	7.000	3	新加坡	6.000	5	越南	3.667	3	越南	0.769	3	新加坡	0.625
4	印度尼西亚	6.000	3	菲律宾	6.000	6	柬埔寨	0.500	4	印度尼西亚	0.714	3	菲律宾	0.625
5	菲律宾	5.000	4	印度尼西亚	5.000	7	印度尼西亚	0.200	5	菲律宾	0.667	4	印度尼西亚	0.588
5	柬埔寨	5.000	5	柬埔寨	4.000	7	菲律宾	0.200	5	柬埔寨	0.667	5	老挝	0.556
6	老挝	3.000	6	老挝	3.000	8	老挝	0.000	5	老挝	0.556	5	柬埔寨	0.556
7	缅甸	2.000	6	缅甸	3.000	8	缅甸	0.000	7	缅甸	0.526	6	缅甸	0.526
8	文莱	0.000	7	文莱	2.000	8	文莱	0.000	8	文莱	0.250	7	文莱	0.500

由表5-2可知。

（1）对比2015年和2018年各个中心性指标排名可以看到，中国和泰国的点度中心性很高，处于网络贸易结构中的核心地位；马来西亚、新加坡和越南的点度中心性也比较高,是旅游服务贸易大国;老挝、缅甸和文莱是旅游服务贸易小国。

(2)泰国、中国和马来西亚的中介中心性很高,担任着旅游商品和旅游服务的"集散中心",说明这三个国家在网络中发挥着连接贸易大国和贸易小国的作用。2018年中国在贸易网络中一直处于前两名,特别是在入度中心性、入接近中心性排名中都是第一,说明中国在中国—东盟旅游服务贸易网络中处于最核心的位置,是贸易网络的中心节点。

二、不同国家的中心性测算结果分析

(一)网络最中心国家

由表 5-2 可知,中国和泰国是处于网络最中心的国家。对比 2015 年和 2018 年中国在网络中的位置变化,可以看到 2018 年中国的中介中心性和出接近中心性降至第二名。自 2008 年金融危机以来,中国入境旅游市场就进入了一个低谷徘徊的状态,除了入境中国的游客人数增长放慢,旅游消费收入更是较前几年大幅下滑。分析其原因,有可能是由于中国免签开放国家少、航点/航班不够密集所致。根据中国旅游研究院(文化和旅游部数据中心)对入境游客开展的问卷调查结果显示,入境游客对"旅游价格是否合理"以及"旅游质量是否与价格相符"的评分接近 8 分,表明入境游客普遍认为来华旅游价格较为合理,性价比较高,入境游客具有较高的总体满意度。虽然入境中国的游客消费评价总体较好,但是消费水平依然偏低,表明存在旅游消费短板,目前提供的入境旅游产品单一,主要以旅游观光为主,旅游供给产品不能够满足入境游客的消费需求,这些都有可能造成中国入境旅游消费市场持续下滑。

2018 年泰国的中介中心性和出接近中心性升至第一名,说明泰国在中国—东盟旅游服务贸易网络中扮演着重要角色。泰国不仅在以观光为目的的传统旅游市场中拔得头筹,同时也是新型旅游特别是医疗旅游产业的领头羊,是全球医疗旅游最为发达的国家之一。相比其他东盟国家,泰国旅游从业者的专业度更高,游客的旅游体验更好,这是泰国获得多国游客青睐的主要原因。此外,泰国政府采取了一系列鼓励和扶持政策措施,包括大力开发旅游资源和建设完善旅游基础设施,精简入境手续和放宽限制入境游客逗留时间,投入大量资金进行海外宣传,努力提升旅游服务质量,积极参与东盟区域旅游一体化等,促使泰国成为世界旅游业先进国家之一。

(二)次中心网络国家

由表5-2可知,马来西亚、新加坡、越南和菲律宾是处于次中心网络的国家。测算结果显示马来西亚的各个中心性排名均保持在前三,说明马来西亚参与旅游服务贸易网络的程度在不断提高,与中国、泰国一起发挥着"桥梁"和"中间人"的作用。2015—2018年马来西亚的旅游业发展迅速,该国在形象推广、产品开发、国际合作等方面大力投入,已经成为马来西亚国民经济的重要支柱产业。马来西亚政府通过出台指导性的旅游发展规划和相关政策,加快发展医疗旅游、教育旅游和生态旅游等特色旅游,调整产业结构,实现经济转型,把旅游业培育成为马来西亚经济的主要驱动力。新加坡具有较高的出度中心性和出接近中心性,说明该国家在出口贸易中与其他国家间的"距离"最短,旅游服务贸易效率最高。新加坡扼守马六甲海峡,地理位置的优越,一直扮演着地区服务中心的角色。新政府重视旅游业发展,坚持制定实施因地制宜的旅游业规划,以城市旅游、会奖旅游为主体,购物、医疗、邮轮、主题公园等多种旅游业态不断发展,帮助各旅游公司提供优质的旅游服务以及进行周全的宣传,设立20亿美元的旅游发展基金支持开发新景点,改善旅游基础设施,提升旅游业综合能力,支持旅游业发展。越南具有较高的入接近中心性,说明越南在旅游服务进口贸易上有着相对比较高的独立性。越南于2016年开始实行旅游免签政策，特别是针对东南亚国家入境越南免签证，越南政府主动加强对目的地的管理，确保公共秩序和食品卫生安全，处理零元旅游现象，实施专门的吸引国内外集团公司投资开发旅游景点和兴建高级酒店及度假村政策，注重开发高级高价值的旅游产品，以此推动旅游业发展。菲律宾各项网络指标中入度中心性和入接近中心性较高，其他指标排名比较靠后，在旅游服务贸易的进口贸易中具有较高的独立性。菲律宾为出口导向型经济，对外部市场依赖较大，第三产业在国民经济中地位突出，马尼拉的经济体系中，服务业占马尼拉经济比重超过59%。虽然菲律宾于2018年晋升为网络次中心国家群，但由于尚未充分开发旅游业潜力，旅游业发展相对落后前述几个国家。

（三）边缘国家

由表5-2可知，印度尼西亚、柬埔寨、老挝、缅甸和文莱是处于网络边缘的国家。印度尼西亚各项网络指标排名比较靠后，在旅游服务贸易网络中处于边缘地位。作为全球最大的群岛国家，印度尼西亚本应是旅游者爱好的打卡目的地之一。但是印度尼西亚的旅游业落后于它的邻国泰国和新加坡，与马来西亚相比还存在着一定的差距，主要原因在于交通与配套设施落后，人力资源不足和素质较低等。与东盟各国相比，柬埔寨的旅游资源禀赋虽很突出，但基础设施建设比较差，治安问题突出，旅游业总体水平较低。老挝经济一直不发达，1/3的国民每天的生活费在世界贫困线1.25美元以下，同时基础设施落后，交通不够便利，阻碍了旅游的发展；同时，老挝旅游业起步晚，服务质量总体水平较低，旅游花费比较高，这些都造成老挝入境游客人数在2015—2018年逐年减少。缅甸由于受民族冲突、政权不稳定，造成交通、通信和电力等基础设施滞后，旅游接待设施（如客房）短缺等，再加之毒品、艾滋病等不安全因素影响，缅甸旅游业发展缓慢。文莱则由于国土面积、人口少、旅游容量限制等原因，面临着旅游基础设施不足、旅游业熟练劳动力紧缺、旅游资源缺乏吸引力、邻国竞争激烈等困难，这些都阻碍了旅游业的发展。

总体而言，中国、泰国、新加坡和马来西亚四个国家的点度中心性、中介中心性、接近中心性排名都很靠前，说明这些国家在网络中处于中心地位或次中心地位，表明这些国家的旅游业都进入了成熟阶段，旅游吸引力比较强，出境游入境游市场比较活跃，能满足游客日益多元化的需求，它们与其他国家的旅游服务贸易联系比较多。柬埔寨、老挝、缅甸、文莱这些国家的点度中心性、中介中心性和接近中心性位居末尾，处于网络边缘位置，还有较大的发展空间。

第五节　影响中国—东盟旅游服务贸易网络结构的因素分析

一、指标选取、模型设定

（一）指标选取

虽然国家的经济发展水平、关税、汇率等都是影响贸易条件变化的因素，它们也会对贸易网络产生一定的影响。但是本文拟选取地理距离、经济距离、制度距离、文化差异等变量，分析这些变量对中国—东盟旅游服务贸易网络的影响。

1. 地理距离（bod）

国家之间的距离是影响服务贸易规模的主要因素，两国之间距离越近，贸易的交通成本就越低，发生贸易的可能性就越大。bod 的构建方法为：两国接壤，对应矩阵元素取值为 1，否则取值为 0，形成二值对称矩阵。

2. 经济距离（gdp）

各个国家的经济发展水平对贸易关系的影响有所差异，往往经济发展水平相近的国家更多地开展贸易往来。数据来源于 WDI 数据库里的各国人均 gdp，对数据进行两两差值形成变量矩阵。

3. 制度距离（ins）

国家层面的制度差异产生了制度距离，两个国家之间的制度距离越大，则两个国家的制度相似性越小，贸易往来之间的阻碍和摩擦会越多。采用全球治理指数（Worldwide Governance Indicators）测度制度距离，其包含 6 个指标：Government Effectiveness、Regulatory Quality、Political Stability and Absence of Violence/Terrorism、Voice and Accountability、Rule of Law、Control of Corruption，对 6 个指标取均值得到各国的综合得分，将两个国家综合得分之差的绝对值视为制度距离，制度距离越大，说明两个国家之间的制度相似性越小，相互间的旅游服务贸易往来遇到的阻碍和摩擦可能越大。（注：数据购买于经管之家。）

4. 文化差异（cul）

文化意识也是影响国家间贸易的主要因素，通常文化背景相似的国家属于同一板块，影响着国家间贸易网络的形成。cul 的构建方法为：拥有相同官方语言的国家，对应矩阵元素取值为 1，否则取值为 0，形成二值对称矩阵。

（二）模型构建

$$W = f(bod, gdp, ins, cul) \tag{1}$$

式中解释变量和被解释变量含有不同量纲的数据,所以选用 QAP 方法来进行检验,包括 QAP 相关性分析和 QAP 回归分析两个步骤。首先通过 QAP 相关性分析,观测因变量和自变量的相关性,剔除不显著的自变量。然后通过 MRQAP 对因变量和自变量进行回归分析,观测相关系数并解释。

二、影响因素测度

(一) QAP 相关性分析

根据函数公式(1),进行 QAP 相关分析,检验中国—东盟旅游服务贸易网络矩阵与影响因素的相关关系。计算时,选择 5000 次随机置换,得到结果如表 5-3 所示。表格中的显著性水平反映的是实际相关系数的显著性水平,最小值和最大值为随机置换计算结果得到的相关系数最大值和最小值,$P \geq 0$ 和 $P \leq 0$ 则代表随机置换得来相关系数大于或者小于实际值的概率。

表 5-3 旅游服务贸易网络与其影响因素的 QAP 相关分析结果

变量名	实际相关系数	显著性水平	相关系数均值	标准差	最小值	最大值	$P \geq 0$	$P \leq 0$
bod	0.346	0.012	0.004	0.142	−0.454	0.472	0.012	0.996
gdp	0.496	0.009	0.007	0.245	−0.731	0.660	0.009	0.991
ins	0.173	0.221	−0.001	0.291	−0.571	0.483	0.221	0.779
cul	0.190	0.150	0.003	0.143	−0.398	0.308	0.150	0.948

由表 5-3 可知,bod、gdp 在 5% 的水平下显著,ins 和 cul 并不显著;表明两国是否相邻和人均 gdp 均显著影响中国—东盟旅游服务贸易网络构成。网络矩阵 G 与 bod 的相关系数为 0.346,说明如果对某一个国家来说,与之相邻的国家越多,越有利于开展出入境旅游,进而正面影响旅游服务贸易的流

向。网络矩阵 G 与 gdp 的相关系数为 0.496，可见该国的人均 gdp 越高，越有利于开展旅游服务贸易。制度距离和文化差异对于中国—东盟旅游服务贸易国家之间的影响不显著，可能的原因是制度差异和文化差异对旅游服务贸易的发展不起决定作用，不是影响其发展的重要因素。不同国家的政治、经济、法律和社会体制不同，并不会成为旅游者出行的影响因素。只要国家之间建立正常、良好的国家关系，就有可能发生旅游者的跨境流动。根据旅游心理学理论，可知追求文化认同和寻找文化差异是旅游者外出旅游的主要诱因之一，并不是文化背景相似才更容易促成旅游活动。

（二）QAP 回归分析

使用 MRQAP 方法对中国东盟旅游服务贸易网络结构的影响因素进行回归分析，经过 2000 次随机置换计算的调整后的 R^2 为 0.281，可见两个矩阵变量可以解释中国东盟旅游服务贸易网络结构变动的 28.1%，并且通过了 10% 的显著性水平检验，结果如表 5-4 所示。

表 5-4　旅游服务贸易网络与其影响因素的 QAP 回归分析结果

变量	非标准化回归系数	标准化回归系数	显著性概率	$P \geq 0$	$P \leq 0$
截距	0.580	0.000	0.000	0.000	0.000
bod	0.261	0.256	0.075	0.925	0.152
gdp	0.000	0.427	0.054	0.054	0.947

由表 5-4 结果可知，bod 的标准化回归系数是 0.256，通过了 10% 的显著性检验。这表明，在其他影响因素不变的情况下，国家间的地理位置对中国—东盟各国旅游服务贸易有重要的正向影响。gdp 的标准化回归系数是 0.427，通过了 10% 的显著性检验，表明在其他影响因素不变的情况下，经济水平对于旅游服务贸易网络的影响较大，呈现正向影响，人均 gdp 越高，国家相互间的旅游服务贸易联系就越强。

第六节 本章小结

本章基于社会网络分析方法，对中国—东盟旅游服务贸易网络结构特征和影响因素进行了分析，得出如下研究结论：

第一，网络整体特征：2018年中国—东盟旅游服务贸易网络的网络密度为0.564，处于中等水平，说明中国和东盟各国国家之间的双边旅游服务贸易联系中，一半的国家建立了相互关系，网络连接较为紧密，但网络化程度仍然有较大的提升空间。

第二，网络的中心性分析结果表明，中国、泰国、新加坡和马来西亚四个国家处于网络的中心位置，具有重要的节点核心地位和控制能力，是整个网络的"中介"和"桥梁"；柬埔寨、老挝、缅甸、文莱等国家中心性较低，在贸易网络中处于被控制的劣势地位，属于"跟随者"角色。网络表现出显著的"核心—边缘"结构特征，中国、泰国、越南、新加坡、马来西亚和菲律宾处于核心位置，老挝、缅甸、印度尼西亚、柬埔寨、文莱处于网络的边缘位置，容易受到其他国家的"控制"，缺少参与旅游服务贸易的机会。

第三，国家间是否邻近和人均gdp是影响中国—东盟旅游服务贸易网络结构的主要因素。QAP相关性分析结果显示，相邻国家和人均gdp高的国家之间有着更为紧密的旅游服务贸易关系。QAP回归分析结果表明，是否邻近和人均gdp两个因素可以解释中国—东盟旅游服务贸易关系的28.1%，具有较高贸易网络的影响因素解释力度。地理距离对整体网络影响很大，地理上越接近的国家，发生旅游服务贸易的可能性越大。与人均gdp呈现显著的正相关关系，表明人均gdp越高的国家发生旅游服务贸易的可能性越大。当前中国—东盟旅游服务贸易发展除了受制于地理距离，国家的经济发展距离也是重要的决定因素。

基于以上结论，我们应该采取以下措施：第一，推进健康有序发展的旅游服务贸易关系。在整个中国—东盟旅游服务贸易网络中处于核心位置的国家，有责任发挥枢纽作用，积极推动中国—东盟各国之间的旅游服务贸易合作，进一步提升区域旅游服务贸易网络联系程度。第二，提升旅游贸易网络整体的稳定性和协调性。中国、泰国、新加坡和马来西亚四个国家作为核心位置的国家，应该提高国家之间的协作能力，共同发挥作为网络主要节点国家旅游资源优势和旅游经济作用，加强国家间的旅游经济互动，对处于贸易网络边缘的国家发挥引导作用。中国、泰国、新加坡和马来西亚四个国家对处于边缘位置的国家共同提供精准帮助，引导旅游服务贸易落后的国家发挥自身特色旅游资源，提高在贸易网络中的参与度。第三，进一步加强中国—东盟各国之间旅游服务贸易互动，加大双边或者多边往来，力争获得多赢局面。各国可以通过国家间的交通建设，缩短地理距离，如开通直飞航班，除了增加国际定期航线，还可以推进旅行社与航司合作的包机业务，还可尽早启动国家间的高铁建设，减少地理距离因素的影响。对于经济距离，旅游服务贸易出口额会随着人均 GDP 的增长而上升。中国、泰国、新加坡、马来西亚等旅游产业较发达的国家应发挥在自贸区旅游贸易合作中的领头羊作用，通过加强本国与经济发展较落后的国家的经贸合作，主动对接处于网络边缘的邻近国家进行旅游要素互动，促进旅游经济更加紧密联系，实现核心位置国家和边缘位置国家的协同发展，建构合适的合作网络空间。可以期待，随着中国和东盟各国旅游服务贸易健康有序协同发展，最终将实现中国—东盟旅游服务贸易资源互补和经济合作共赢的美好愿景。

第六章

中国与东盟各国旅游服务贸易国际竞争力比较

　　旅游服务贸易是一个国家或者地区向其他国家或者地区提供旅游服务获得报酬的活动。发达国家的旅游服务贸易对GDP增长贡献率极大,都超过2%。中国作为世界第一大经济体,目前旅游服务贸易水平与旅游强国仍存在着一定的差距,在世界旅游服务贸易的占有率约为4.5%。随着中国对外开放水平的提升、经济加速发展,旅游服务贸易必定顺势发展,未来中国的旅游服务贸易将迎来巨大的提升空间。在中国和东盟各国旅游服务贸易竞争过程中,研究中国和东盟各国旅游服务贸易竞争力的动态变化和成因具有重要的现实意义。本章通过对比评价中国与东盟各国的旅游服务贸易竞争力水平,系统分析中国和东盟各国旅游服务贸易竞争力的影响要素,为后续分析中国和东盟各国旅游服务贸易竞争力发展的协同效应分析奠定基础,以期通过对比研究中国和东盟各国旅游服务贸易优势与劣势,为中国和东盟各国旅游服务贸易协调发展提供有益参考。

第一节 旅游服务贸易竞争力评价体系的构建

一、国际竞争力评价体系的发展

当代主要国际竞争力评价体系于20世纪80年代创立，它们是以国际竞争力体系为依据，运用系统和科学的统计指标，对一国的经济运行情况和社会发展综合竞争力进行全面系统的评价。当代最具影响力的国际竞争力评价体系包括：瑞士洛桑国际管理学院（IMD）国际竞争力评价体系、世界经济论坛（WEF）国际竞争力评价体系、联合国工业发展组织（UNIDO）工业竞争力评价体系、世界经济论坛发布的旅游产业国际竞争力报告。

（一）瑞士洛桑国际管理学院国际竞争力评价体系

瑞士洛桑国际管理发展学院的国际竞争力评价体系的依据是经济、管理和社会发展的最新理论，它测度世界各国或地区的国际竞争力的发展过程与趋势，分析一国或地区的国际竞争力的优势和劣势，提出提升国际竞争力的政策参考。IMD评价指标体系包括四大国际竞争力要素：经济运行竞争力、政府效率竞争力、基础设施竞争力和企业效率竞争力。经济运行包括国内经济实力、国际投资、国际贸易、就业和价格，包含77个指标；政府效率包括财政政策、公共财政、组织机构、社会结构和企业法规，包含73个指标；基础设施包括基本基础设施、健康与环境基础设施、技术基础设施和教育子要素，包含95个指标；企业效率包括金融、生产效率、企业管理、价值系统和劳动市场，包含69个指标。通过这些要素包含的314个指标，我们将指标分为硬指标和软指标两大类。硬指标来源于国际、国际机构和非官方机构的统计数据。软指标来自高级管理人员的文件调查结果。在大量统计数据和调查数据的基础之上，形成了国际竞争力综合评价体系和方法。它公布世界各国竞争力排名，便于各国进行国际竞争力比较。同时，它还通过对各国国际竞争力最差指标的排序，提出了提升国际竞争力的政策建议。

（二）世界经济论坛国际竞争力评价体系

世界经济论坛从1980年开始关注国际竞争力问题。1989年WEF与国际管理发展学院合作出版《世界竞争力年鉴》。WEF国际竞争力评价体系以新古典经济增长理论、竞争优势理论等为基础，界定国际竞争力内涵，构建评价指标体系。1996年、1998年、2000年WEF国际竞争力评价体系随着国际竞争力内涵的变化也进行了动态调整。2003年调整后的评价体系，由增长竞争力指数和企业竞争力指数两大指数系统构成。增长竞争力指数衡量一个国家经济政治的潜在前景，企业竞争力指数衡量一国当前的生产潜力。世界经济论坛的《全球竞争力报告》发布于1979年，评估的基础是"全球竞争力指数"（The Global Competitiveness Index，GCI）。该指数包括12项支柱的103项指标，12项支柱项目是制度、基础设施、宏观经济稳定性、健康与初等教育、高等教育与培训、商品市场效率、劳动市场效率、金融市场成熟性、技术设备、市场规模、商务成熟性、创新。每项指标采取0~100分的计分制度，展示一个经济体距离理想状态或者"满分"竞争力之间的差距。

（三）联合国工业发展组织工业竞争力评价体系

联合国工业发展组织（United Nations Industrial Development Organization）的各国工业竞争力指数（Competitive Industrial Performance Index，CIP）主要反映的是一国生产工业制成品的竞争能力，用于衡量各国或地区的工业在国内外市场上生产和销售产品的成功程度，以及它们对结构变化和发展的贡献程度，提供有关国家或地区的制造业优势和劣势的信息。它的评价体系由体现一国工业制成品生产和出口能力的指标体系构成，由人均制造业增加值、人均制成品出口额、制造业增加值占 GDP 比重、制成品占总出口的比重、制造业增加值中高技术产品的比重、制成品出口中高技术产品的比重等 6 个指标构成。在评价指标体系中，每个指标的取值范围都标准化为从 0（最差）到 1（最好），6 项指标值贸易特别的权重，它们的算术平均数就是综合指数。UNIDO 工业竞争力评价体系建立时间比较短，存在一些缺陷，比如缺少细致的技术水平分配所必需的连续的国别数据，无法区分单一的技术能力基础上的和在高低技术混杂基础上的工业或出口结构等。

（四）世界经济论坛发布的旅游产业国际竞争力报告

WEF2007 年开始发布旅游产业国际竞争力报告，使用"旅游及观光竞争力指数（The Travel and Tourism Competitiveness Index，TTCI）"评估各国与旅游业发展紧密相关的因素。该报告每两年公布一次，衡量的标准涉旅游安全、旅游服务设施、观光政策优先度、经商环境、健康医疗、物价竞争力、机场设施、道路及港口设施、国际开放程度、永续环境、通信整备度等大项。2015 年公布的 TTCI 评价体系分为文化和自然资源、基础设施、环境优势、旅游观光政策和有利条件四个方面。每个方面有对应的统计指标，合计 14 个指标；每个指标下面又有多个细分指标。这些细分指标的数据来源中，有 2/3 是国际组织的统计数据，合作的国际组织包括世界旅游组织（Unlted Nations World Tourism Organization）、国际航空运输协会（International Air Transport Association，IATA）、世界旅游及旅行理事会（Workd Travel and Tourism Council，WTTC）等。另外 1/3 的数据来源于每年世界经济论坛上对该领域企业领袖的调查文件。旅游产业国际竞争力报告的公布为研究旅游产业国际竞争力影响因素提供了重要的参考依据，为各国探索旅游业发展查找自身优劣势提供了帮助。当然，TTCI 也存在不足，体现在所选用的旅游竞争力指标仍不够全面，指标计算权重相同，指标数量多，容易出现变量共线性，影响对竞争力因素的分析。

此外,世界旅游组织通过发布国际旅游报告、亚洲旅游趋势报告、全球旅游报告等系列报告,通报各国各地区的国际游客数量、国际旅游收入、各个国家在国际旅游市场的份额、旅游产业发展趋势等情况。世界旅游组织还在每年上、下半年各公布一次《世界旅游晴雨表》(UNWTO World Tourism Barometer),通报全球旅游目的地接待国际游客数量,国际旅游航空预订情况,短期内欧洲、美洲、亚太地区、中东地区和西北地区旅游产业发展状况。

二、中国与东盟各国旅游服务贸易竞争力评价指标体系的构建

以国际贸易相关理论、比较优势理论、波特国家竞争优势理论为依据,构建旅游服务贸易竞争力标准化评价体系。

(1)旅游服务贸易竞争力指数,通过若干指标,评价一国旅游服务贸易竞争力水平。基于国际贸易的相关理论,衡量一个国家产业的综合竞争力水平指标包括 MS 指数(International Market Share,国际市场占有率指数)、TC 指数(Trade Competitiveness Dxndex,竞争优势指数)、RCA 指数、MI 指数(Michaely Index)、MTR 指数、RSCA 指数、CA 指数(Competitive Adcantage,显示性比较竞争优势指数)等,其中前三种指数在旅游服务贸易中广泛运用,是评价旅游服务贸易竞争力的重要指标。

(2)旅游服务贸易竞争力影响要素,将波特竞争优势理论应用于旅游产业,从不同层面分析影响旅游服务贸易竞争力的要素。在波特竞争优势理论中,第一个要素是生产要素,分为初级要素和高级要素。初级要素包括自然与文化资源,高级要素包括旅游企业数量和旅游人力资本。高级要素是未来竞争的稀缺要素,需要政府和社会等多方配合,积极投入和扶持。第二个要素是国内需求。国内旅游市场的需求增长和需求结构的变化将影响本国企业对产品和服务的提升改进。如果企业能够提供具有前瞻性的产品和服务,将

有利于进一步开拓国际市场，获得国际旅游竞争力。第三个要素是相关及支持性产业。旅游服务贸易发展涉及的相关产业很多，比如住宿、餐饮、交通运输、通信、金融、零售业等，任何一个环节出现问题，都将导致产品或服务的质量下降。旅游相关及支持性产业的竞争优势将较大程度上影响旅游服务贸易竞争优势的发挥。第四个要素是企业组织、战略、结构与同业竞争。旅游企业的市场集中度，企业的规模、发展战略、经营策略，企业之间竞争是否合理公平有序，都对本国旅游企业产业国际竞争力有着重要的影响作用。最后两个要素是机遇和政府。技术变革、汇率变化等重大事件，政府制定的相关政策以及旅游市场开放程度等都将影响旅游企业和产业的国际竞争力。

第二节　中国与东盟各国旅游服务贸易国际竞争力比较分析

一、中国和东盟各国旅游服务贸易综合竞争力指数测算

与其他服务贸易进行比较，旅游服务贸易和货物贸易的结合更加紧密，所以应用显示比较优势理论分析旅游服务贸易，计算旅游服务贸易的显示比较优势指数，可以获悉中国旅游服务贸易在其对外贸易中的状况和地位。通过比较中国和东盟各国的显示比较优势指数进行比较，评价一个国家旅游服务贸易在国际市场中的比较优势和竞争力大小。

（一）MS 指数

国际市场占有率指数是指一定时期内，一个国家旅游服务出口额占世界旅游服务出口地位的百分比，它体现了一个国家或地区旅游服务贸易在国际

市场上所处的位置，其计算公式如下：

$$MS_{ik} = X_{ik} / X_{wk}$$

其中，MS_{ik} 表示 i 国 k 产品的出口市场占有率，X_{ik} 表示 i 国 k 产品的出口额，X_{wk} 表示世界 k 产品的出口额，本文计算的是旅游服务贸易的出口额。

如表6-1所示，从2007年起一直到2019年中国旅游服务贸易出口市场占有率逐年下降。根据中国旅游研究院（文化和旅游部数据中心）的统计，2019年我国入境旅游人数1.45亿人次，国际旅游收入1313亿美元，中国旅游服务贸易出口额只占世界旅游服务贸易出口额的2.5%。反观东盟六国在2010—2019年的旅游服务贸易出口额在7%~10%，略高于中国且在逐年增加。从2010年开始东盟六国的旅游服务贸易出口市场占有率缓慢上升，特别是印度尼西亚和越南的旅游市场整体稳定并小幅上涨，并一直保持着增长态势，其旅游产业开始逐渐成长。

表6-1 中国和东盟六国的旅游服务贸易出口市场占有率（2005—2019年）

单位：%

年份	国家						
	中国	泰国	新加坡	马来西亚	印度尼西亚	菲律宾	越南
2005	4.177	1.3656	0.885	1.261	0.645	0.326	0.328
2006	4.560	1.800	1.012	1.400	0.597	0.476	0.383
2007	5.1140	2.290	1.245	1.930	0.734	0.681	0.515
2008	4.362	1.941	1.134	1.633	0.788	0.274	0.420
2009	4.620	1.8693	1.074	1.839	0.652	0.276	0.355
2010	4.865	2.135	1.506	1.928	0.739	0.281	0.473
2011	4.621	2.592	1.725	1.874	0.763	0.305	0.544
2012	4.602	2.820	1.729	1.863	0.766	0.374	0.630
2013	4.753	3.478	1.769	1.978	0.839	0.431	0.667

续表

年份	国家						
	中国	泰国	新加坡	马来西亚	印度尼西亚	菲律宾	越南
2014	3.537	2.797	1.539	1.815	0.824	0.404	0.595
2015	3.755	3.444	1.387	1.475	0.899	0.440	0.614
2016	3.624	3.653	1.545	1.475	0.914	0.420	0.693
2017	2.940	3.968	1.507	1.390	0.996	0.529	0.674
2018	2.781	3.972	1.439	1.348	1.158	0.582	0.710
2019	2.450	4.303	1.426	1.409	1.202	0.698	0.841

数据来源：根据WTO官方网站数据库整理计算得出。

（二）TC指数

TC指数是一国进出口贸易的差额占其进出口贸易总额的比重，其计算公式如下：

$$TC=(X-M)/(X+M)$$

其中，X是某个国家旅游服务贸易的出口额，M是某个国家旅游服务贸易的进口额。TC指数主要衡量这个国家或地区的产业是否具有国际竞争力优势。TC指数的变动幅度在-1和1之间，当指数接近-1的时候，表示这个国家竞争力较弱，是净进口国；当指数接近0的时候，表示这个国家竞争力接近平均水平；当指数接近1的时候，表示这个国家竞争力较强，是净出口国。

如表6-2所示，中国在2005—2008年旅游服务贸易TC指数接近0，其旅游服务贸易国际竞争力接近平均水平。然而，2009—2019年中国旅游服务贸易TC指数一直小于0且逐渐接近-1，旅游服务贸易竞争力不具备竞争优势，俨然成为旅游服务贸易净进口国家。在东盟地区，泰国、马来西亚、印度尼西亚和越南的旅游服务贸易TC指数基本接近1，这四个国家的旅游产业具备一定的国际竞争优势。特别是泰国从 2011 年开始旅游服务贸易 TC 指数离 1 越来越近，旅游服务贸易竞争力较强，是以旅游服务贸易出口为主的国家。

表 6-2　中国和东盟六国的旅游服务贸易 TC 指数（2005—2019 年）

年份	国家						
	中国	泰国	新加坡	马来西亚	印度尼西亚	菲律宾	越南
2005	0.148	0.431	−0.237	0.409	0.116	−0.138	0.438
2006	0.165	0.489	−0.199	0.420	0.049	0.125	0.462
2007	0.111	0.528	−0.197	0.430	0.043	0.241	0.509
2008	0.062	0.568	−0.212	0.390	0.141	−0.193	0.503
2009	−0.048	0.568	−0.260	0.416	0.026	−0.215	0.470
2010	−0.090	0.563	−0.138	0.376	0.042	−0.349	0.503
2011	−0.199	0.652	−0.086	0.317	0.122	−0.274	0.539
2012	−0.342	0.661	−0.104	0.247	0.103	−0.234	0.574
2013	−0.427	0.707	−0.119	0.275	0.086	−0.251	0.559
2014	−0.675	0.662	−0.143	0.290	0.144	−0.356	0.473
2015	−0.695	0.685	−0.175	0.245	0.192	−0.365	0.343
2016	−0.709	0.663	−0.119	0.267	0.194	−0.368	0.308
2017	−0.736	0.666	−0.116	0.259	0.226	−0.258	0.276
2018	−0.750	0.647	−0.125	0.234	0.229	−0.179	0.261
2019	−0.758	0.619	−0.140	0.232	0.198	−0.110	0.316

数据来源：根据 WTO 官方网站数据库整理计算得出。

（三）RCA 指数和 RSCA 指数

RCA 指数和 RSCA 指数（Revealed Symmetrical Comparative Advantage

Index，显示性对称的比较优势指数）分析旅游服务贸易在整个国际贸易中的比较优势。通过计算一个国家的旅游服务贸易显示性比较优势指数评价和衡量一国旅游服务贸易在整个国际贸易中的比较优势。RCA 指数是一个国家某类产品出口额占该国出口总值的比重与世界该类产品出口额占世界出口总值的比重二者之间的比率。RCA 指数反映了这个国家该项产品的出口与世界平均出口的相对优势，显示该项产品在国际市场竞争力的强弱，其计算公式如下：

$$RCA_{ik} = (X_{ik}/X_i)/(X_{wk}/X_w)$$

其中，RCA_{ik} 为显示性比较优势指数，X_{ik} 为 i 国 k 类产品出口值，X_i 为 i 国所有商品出口值和服务贸易出口值，X_{wk} 为世界 k 类产品出口值，X_w 为世界所有商品出口值和服务贸易出口值。如果一个国家的旅游服务贸易显示性比较优势指数 RCA 小于 0.8，说明该国的旅游服务贸易在国际贸易中的国际竞争力较弱；如果一个国家的旅游服务贸易显示性比较优势指数 RCA 在 0.8 到 1.25 之间，说明该国的旅游服务贸易在国际贸易中具有较强的国际竞争力；如果一个国家的旅游服务贸易显示性比较优势指数 RCA 在 1.25 到 2.5 之间，说明该国的旅游服务贸易在国际贸易中具有很强的国际竞争力；如果一个国家的旅游服务贸易显示性比较优势指数 RCA 大于 2.5，说明该国的旅游服务贸易在国际贸易中具有极强的国际竞争力。

与东盟各国进行对比，中国旅游服务贸易显示性比较优势指数如表 6-3 所示，2005—2019 年中国的 RCA 指数小于 1，说明中国的旅游服务贸易在国际贸易中的国际竞争力比较弱并且还在持续减弱。东盟六国中，2005—2014 年马来西亚的 RCA 指数在 1 到 1.5 之间，说明马来西亚的旅游服务贸易在国际贸易中具有较强的国际竞争力。2015—2019 年泰国的 RCA 指数均大于 2.5，说明泰国的旅游服务贸易在国际贸易中具有极强的国际竞争力。此外，2011—2019 年印度尼西亚的 RCA 指数有缓慢增大的趋势，其旅游服务贸易在国际贸易中的竞争力不断加强，不容小觑。

表 6-3　中国与东盟六国旅游服务贸易 RCA 指数（2005—2019 年）

年份	国家						
	中国	泰国	新加坡	马来西亚	印度尼西亚	菲律宾	越南
2005	0.640	1.353	0.413	1.0071	0.842	0.843	1.151
2006	0.642	1.737	0.457	1.154	0.796	1.218	1.276
2007	0.6613	2.169	0.578	1.638	1.009	1.853	1.629
2008	0.5534	1.843	0.527	1.425	1.035	0.882	1.205
2009	0.557	1.634	0.487	1.583	0.802	0.839	0.902
2010	0.528	2.178	0.633	1.574	0.806	0.773	1.130
2011	0.497	2.163	0.7402	1.590	0.763	1.028	1.163
2012	0.470	2.348	0.729	1.597	0.824	1.185	0.125
2013	0.467	2.917	0.748	1.738	0.970	1.281	1.110
2014	0.333	2.410	0.651	1.583	0.994	1.114	0.889
2015	0.321	2.738	0.5941	1.339	1.115	1.074	0.758
2016	0.327	2.767	0.674	1.374	1.1441	1.007	0.737
2017	0.271	2.984	0.640	1.261	1.183	1.246	0.658
2018	0.255	3.071	0.593	1.216	1.386	1.391	0.670
2019	0.218	3.260	0.594	1.252	1.497	1.554	0.714

数据来源：根据 WTO 官方网站数据库整理计算得出。

当然，RCA 指数偏斜的分布违反了回归中误差项标准分布的假设，不少学者如 Hariolf、Vollrath 和 Dalum 提出了改进方法，以 Dalum 等提出的 RSCA 指数应用最为广泛，RSCA 指数可以克服 RCA 指数偏斜性和非对称性的缺点，其的计算公式为：

$$RSCA_{ij} = (RCA_{ij} - 1) / (RCA_{ij} + 1)$$

其中 $RSCA_{ij}$ 表示 i 过第 j 年旅游服务贸易的显示性对称的比较优势指数，它的取值范围是 [-1, 1]。当 $RSCA_{ij}$ 大于 0 时，表示该国旅游服务贸易部门具有比较优势，当 $RSCA_{ij}$ 小于 0 时，表示该国旅游服务贸易部门具有比较劣势。

中国与东盟六国旅游服务贸易 RSCA 指数如表 6-4 所示，2005—2019 年中国的 RSCA 指数小于 0，说明中国的旅游服务贸易部门具有比较劣势。东盟六国中，泰国、马来西亚在 2005—2019 年的 RSCA 指数均大于 0，说明泰国和马来西亚的旅游服务贸易部门具有比较优势，这两个国家的旅游服务贸易在国际贸易中具有较强的国际竞争力。此外，印度尼西亚和菲律宾在 2015—2019 年 RSCA 指数均大于 0，且有缓慢增长的趋势，说明其旅游服务贸易在国际贸易中的竞争力不断加强。

表 6-4 中国与东盟六国旅游服务贸易 RSCA 指数（2005—2019 年）

年份	国家						
	中国	泰国	新加坡	马来西亚	印度尼西亚	菲律宾	越南
2005	-0.219	0.15	-0.415	0.004	-0.086	-0.085	0.07
2006	-0.218	0.269	-0.373	0.071	-0.114	0.098	0.121
2007	-0.204	0.369	-0.268	0.242	0.004	0.299	0.239
2008	-0.287	0.296	-0.309	0.175	0.017	-0.063	0.093
2009	-0.285	0.241	-0.345	0.226	-0.11	-0.088	-0.052
2010	-0.309	0.371	-0.225	0.223	-0.107	-0.128	0.061
2011	-0.336	0.368	-0.149	0.228	-0.134	0.014	0.075
2012	-0.361	0.403	-0.157	0.23	-0.097	0.085	-0.778
2013	-0.363	0.489	-0.144	0.269	-0.015	0.123	0.052
2014	-0.501	0.413	-0.211	0.226	-0.003	0.054	-0.059
2015	-0.514	0.465	-0.255	0.145	0.054	0.036	-0.138
2016	-0.507	0.469	-0.195	0.158	0.067	0.003	-0.151

续表

年份	国家						
	中国	泰国	新加坡	马来西亚	印度尼西亚	菲律宾	越南
2017	−0.573	0.498	−0.219	0.116	0.084	0.109	−0.206
2018	−0.594	0.509	−0.256	0.098	0.162	0.164	−0.198
2019	−0.641	0.531	−0.255	0.112	0.199	0.217	−0.167

数据来源：根据WTO官方网站数据库整理计算得出。

（四）MI指数

MI指数又称Michaely波动指数，主要衡量经济变数每年变动平均程度的大小，反映积极变数稳定的程度。MI指数的计算公式为：

$$MI = X_{ij} / \sum X_i - M_{ij} / \sum M_i$$

其中，X_{ij}为i国j商品的出口额，M_{ij}为i国j商品的进口额，$\sum X_i$、$\sum M_i$分别为i国的出口总额和i国的进口总额。MI指数的变动幅度为[−1，1]，当MI指数为正数的时候，表示该国具有比较优势；当MI指数为负数的时候，表示该国处于比较劣势。

从表6-5可以看出，中国在2005—2007年MI指数为正数，说明当时中国的旅游服务贸易具有比较优势。但是2008—2019年中国的MI指数为负数，说明中国的旅游服务贸易竞争力处于比较劣势的地位。可以看出，中国加入世贸组织之后，由于旅游行业是中国承诺全面开放市场的前沿阵地，对外资企业进入旅游行业的限制正在逐步取消，一定数量的外商独资和中外合资的旅游企业进入市场参与竞争，严重冲击国内旅游企业，中国旅游企业在竞争中逐渐失去了优势。东盟国家中，泰国、越南、印度尼西亚和马来西亚的MI指数在2005—2019年，数值几乎全为正值，可见这四个国家在旅游服务贸易中具有比较优势。特别是泰国的MI指数与1的差距最小，随着泰国大力发展旅游服务贸易，其在国际旅游市场上逐渐显现较强的竞争优势。

表 6-5　中国与东盟六国旅游服务贸易 MI 指数（2005—2019 年）

年份	国家						
	中国	新加坡	泰国	越南	印度尼西亚	菲律宾	马来西亚
2005	0.006	−0.017	0.0471	0.041	0.001	−0.008	0.028
2006	0.005	−0.014	0.058	0.042	−0.010	0.015	0.030
2007	0.0003	−0.016	0.062	0.051	−0.007	0.031	0.036
2008	−0.002	−0.014	0.064	0.042	0.013	−0.012	0.031
2009	−0.008	−0.021	0.062	0.034	−0.001	−0.022	0.042
2010	−0.008	−0.014	0.082	0.040	0.000	−0.040	0.036
2011	−0.014	−0.010	0.080	0.040	0.005	−0.026	0.0289
2012	−0.026	−0.010	0.090	−0.0092	0.009	−0.027	0.025
2013	−0.035	−0.011	0.112	0.037	0.010	−0.037	0.031
2014	−0.077	−0.013	0.100	0.030	0.015	−0.0626	0.033
2015	−0.100	−0.019	0.122	0.023	0.020	−0.061	0.026
2016	−0.109	−0.016	0.124	0.020	0.021	−0.042	0.030
2017	−0.095	−0.013	0.132	0.016	0.024	−0.024	0.027
2018	−0.090	−0.013	0.133	0.014	0.032	−0.006	0.022
2019	−0.086	−0.014	0.138	0.018	0.031	0.003	0.021

数据来源：根据 WTO 官方网站数据库整理计算得出。

二、指数结果比较分析

雷达图分析方法可以分析各国服务贸易竞争力指数的水平高低。当该国指数值处于标准线以内的时候，说明该国的指数低于各国平均水平；越接近最小圈或处于其内，说明该国指数处于极差状态，不具备竞争优势；如果处于标准线外侧，说明该国指数处于理想状态，具有明显的竞争优势。从中国和东盟六国旅游服务贸易竞争力的出口市场占有率、TC 指数、RCA 指数、RSCA 指数和 MI 指数形成的雷达图来看，如图 6-1、图 6-2 和图 6-3 所示，2005 年中国旅游服务贸易在市场占有率方面具有较强的优势，泰国和越南的 RCA 指数排位靠前，显示较强的比较优势。2012 年，中国和泰国在市场占有率方面具有较强的优势，在 RCA 指数方面泰国和马来西亚排位靠前，具有较强的比较优势。2019 年泰国无论是在市场占有率还是 RCA 指数方面都排在前列，表现出强劲的旅游服务贸易竞争力；中国旅游服务贸易竞争力正在逐步变弱，比较优势正在逐渐缩小，中国旅游服务贸易竞争力在国际上处于中等偏低的地位。东盟地区中，马来西亚在近年中表现出较强的旅游服务贸易竞争力。印度尼西亚和越南作为一股新生力量，其旅游服务贸易竞争力正在逐渐提升。

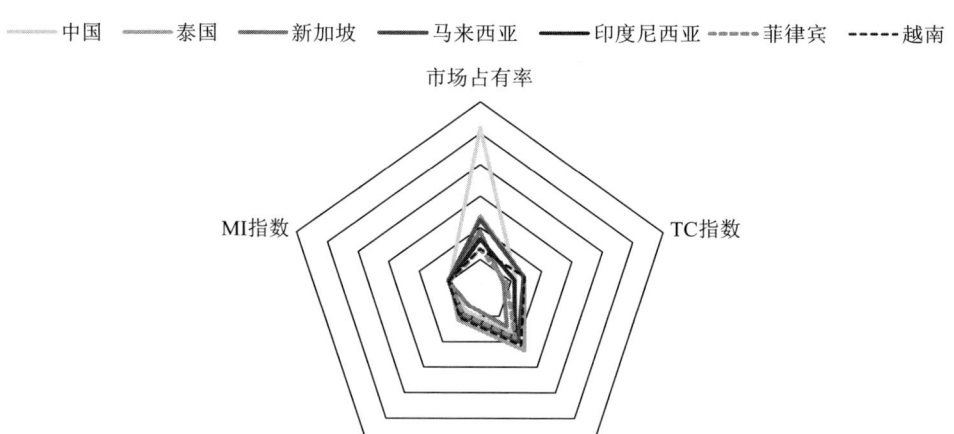

图 6-1　2005 年中国和东盟六国旅游服务贸易五个指数比较雷达图

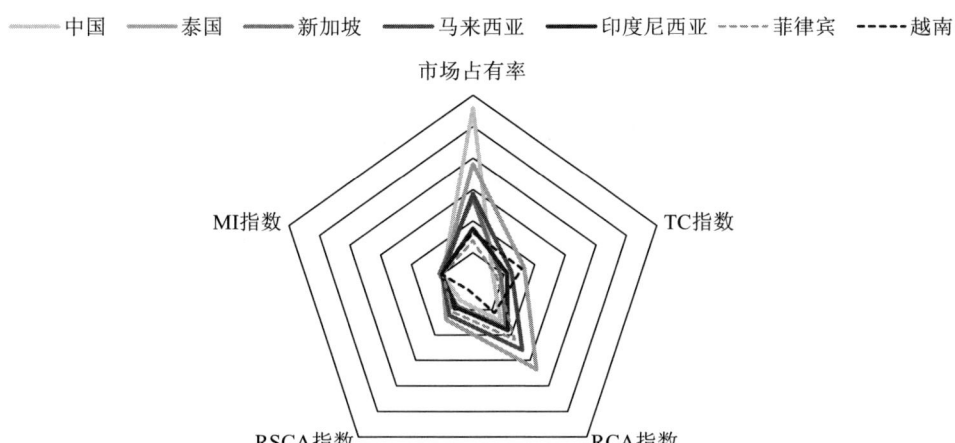

图 6-2　2012 年中国和东盟六国旅游服务贸易五个指数比较雷达图

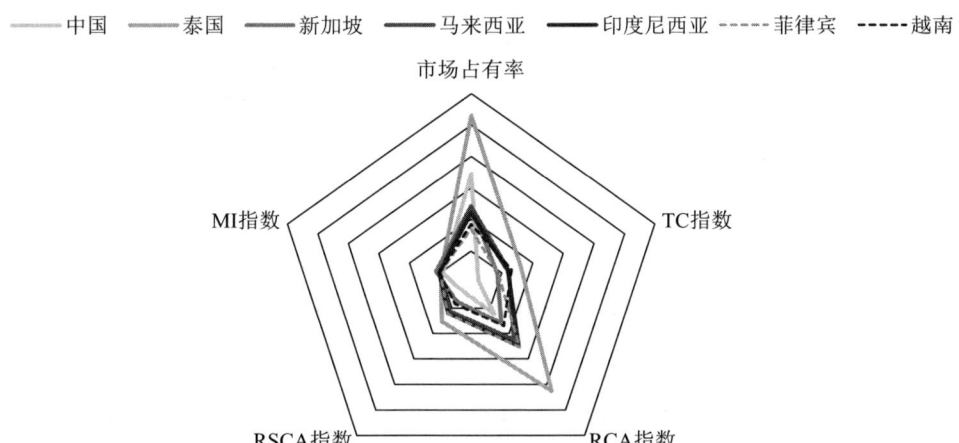

图 6-3　2019 年中国和东盟六国旅游服务贸易五个指数比较雷达图

第三节　中国和东盟各国旅游服务贸易竞争力影响要素比较分析

一、生产要素

（一）自然与文化资源

全国人民代表大会环境与资源保护全国委员会出版的《中国资源》一书中提到中国旅游资源是中国十大资源之一（其他九大资源为土地资源、水资源、矿产资源、能源资源、气候资源、森林资源、草地资源、物种资源、海洋资源）。由于国土辽阔，气候多样，地质复杂，不论是自然山水、江河湖海、山川平原还是遗址、陵寝、古建筑、园林、民俗风情，中国旅游资源种类多样，在全球具有巨大的吸引力。

东盟国家大多数拥有丰富的海岛自然景观和独特的宗教和民俗文化，吸引着来自全世界的旅游者。泰国位于中南半岛中部，东南沿海岛屿众多，拥有丰富的水资源、生物资源和矿产资源。著名的自然资源景点包括素贴山国家公园（Doi Suthep-Pui National Park）、普吉岛、苏梅岛、象岛、斯米兰群岛等。人文资源景点包括曼谷大王宫和玉佛寺、清迈双龙佛寺和国王行宫等。此外，泰国传统文化艺术和节日也是其历史文化资源的重要组成部分，包括水灯节、万寿节、古典音乐舞蹈、泰拳等。新加坡毗邻马六甲海峡南口，人文历史旅游资源丰富，名胜古迹包括牛车水、莱佛士雕像、新加坡城市展览馆等。马来西亚海岸线绵长，拥有高品质的海岛和海滩，珍贵的动植物、古朴的民俗民风、历史悠久的遗迹和现代化的都市风情，这些都吸引着大批旅游者。马来西亚的主要旅游区域包括首都吉隆坡、沙巴和兰卡威、槟城等。越南地形狭长，地形以山地和高原为主，海岛资源、水资源和矿产资源比较丰富，主要的旅游城市包括河内、胡志明市和芽庄。境内著名景点包括河内文庙、镇国寺、天后宫、下龙湾、芽庄海滩、猴岛。柬埔寨是一个旅游资源丰富的国家，因地处中南半岛，属于热带亚热带气候，拥有风景优美的自然环境。印度尼西亚由 17 000 多个大小岛屿组成，是世界上最大的岛群国家，海岛旅游资源丰富，拥有 3 处世界自然遗产和 4 处世界文化遗产。菲律宾与印度尼西亚和马来西亚隔海相望，共有 7000 多个岛屿，矿产资源和生物资源丰富，主要的旅游城市有首都马尼拉、第二大城市宿务、"菲律宾夏都"碧瑶等。柬埔寨是一个历史悠久的文明古国，拥有丰富的历史文化遗产和景点，其中吴哥窟是举世闻名的旅游景点，神秘丰富的民族风情和多种宗教信仰在这里汇集。缅甸佛教文化浓厚，民风淳朴，自然资源和人文资源比较丰富，主要景点包括大金塔、甘道基皇家太湖、卡拉威宫、苏里塔、莱茵湖、巧达吉卧佛塔、昂山市场等。老挝是一个位于中南半岛北部的内陆国家，地形以山地和高原为主，森林资源、矿产资源和水利资源丰富，主要旅游城市有万象、万荣、琅勃拉邦。文莱国土面积虽然小，但是拥有独特的风情，其最具特色的旅游景点是极具民族特色的水村，主要景点还包括王家陈列馆、淡布伦国家森林公园河和赛里夫汀清真寺等。

如表 6-6 所示，截至 2024 年 11 月，中国拥有世界遗产总数 59 处，其中文化遗产 38 项，自然遗产 14 项，文化自然混合遗产（双遗产）4 项，自然遗产总数位列世界第一。印度尼西亚共计拥有 9 处世界遗产，老挝共计拥有 3 处世界遗产，马来西亚共计拥有 4 处世界遗产，缅甸共计拥有 2 处世界遗产，菲律宾共计拥有 6 处世界遗产，新加坡共计拥有 1 处世界遗产，泰国共计拥有 6 处世界遗产，越南共计拥有 8 处世界遗产，柬埔寨共计拥有 3 处世界遗产。

表 6-6 中国和东盟各国世界遗产比较

国别	拥有的世界遗产（中英文名字、入选年份、遗产类型）
中国	1. 周口店北京人遗址 Peking Man Site at Zhoukoudian（1987 年，文化遗产） 2. 明清皇宫（北京故宫、沈阳故宫）Imperial Palaces of the Ming and Qing Dynasties in Beijing and Shenyang（1987 年、2004 年，文化遗产） 3. 泰山 Mount Taishan（1987 年，文化与自然双重遗产） 4. 秦始皇陵 Mausoleum of the First Qin Emperor（1987 年，文化遗产） 5. 莫高窟 Mogao Caves（1987 年，文化遗产） 6. 长城 The Great Wall（1987 年，文化遗产） 7. 黄山 Mount Huangshan（1990 年，文化与自然双重遗产） 8. 九寨沟风景名胜区 Jiuzhaigou Valley Scenic and Historic Interest Area（1992 年，自然遗产） 9. 武陵源风景名胜区 Wulingyuan Scenic and Historic Interest Area（1992 年，自然遗产） 10. 黄龙风景名胜区 Huanglong Scenic and Historic Interest Area（1992 年，自然遗产） 11. 承德避暑山庄及其周围寺庙 Mountain Resort and its Outlying Temples, Chengde（1994 年，文化遗产） 12. 拉萨布达拉宫历史建筑群 Historic Ensemble of the Potala Palace, Lhasa（1994 年、2000 年、2001 年，文化遗产） 13. 曲阜孔庙、孔林和孔府 Temple and Cemetery of Confucius and the Kong Family Mansion in Qufu（1994 年，文化遗产） 14. 武当山古建筑群 Ancient Building Complex in the Wudang Mountains（1994 年，文化遗产） 15. 峨眉山风景区，包括乐山大佛风景区 Mount Emei Scenic Area, including Leshan Giant Buddha Scenic Area（1996 年，文化与自然双重遗产） 16. 庐山国家公园 Lushan National Park（1996 年，文化遗产） 17. 丽江古镇 Old Town of Lijiang（1997 年，文化遗产） 18. 平遥古城 Ancient City of Ping Yao（1997 年，文化遗产） 19. 苏州古典园林 Classical Gardens of Suzhou（1997 年、2000 年，文化遗产） 20. 北京皇家园林——颐和园 Summer Palace, an Imperial Garden in Beijing（1998 年，文化遗产） 21. 北京皇家祭坛——天坛 Temple of Heaven：an Imperial Sacrificial Altar in Beijing（1998 年，文化遗产） 22. 大足石刻 Dazu Rock Carvings（1999 年，文化遗产） 23. 武夷山 Mount Wuyi（1999 年，文化与自然双重遗产） 24. 明清皇家陵寝 Imperial Tombs of the Ming and Qing Dynasties（2000 年、2003 年、2004 年，文化遗产） 25. 皖南古村落——西递、宏村 Ancient Villages in Southern Anhui – Xidi and Hongcun（2000 年，文化遗产） 26. 青城山–都江堰 Mount Qingcheng and the Dujiangyan Irrigation System（2000 年，文化遗产） 27. 龙门石窟 Longmen Grottoes（2000 年，文化遗产） 28. 云冈石窟 Yungang Grottoes（2001 年，文化遗产）

续表

国别	拥有的世界遗产（中英文名字、入选年份、遗产类型）
中国	29. 云南三江并流保护区 Three Parallel Rivers of Yunnan Protected Areas（2003年，自然遗产） 30. 高句丽王城、王陵及贵族墓葬 Capital Cities and Tombs of the Ancient Koguryo Kingdom（2004年，文化遗产） 31. 澳门历史中心 Historic Centre of Macao（2005年，文化遗产） 32. 四川大熊猫栖息地——卧龙、四姑娘山和夹金山 Sichuan Giant Panda Sanctuaries - Wolong, Mt Siguniang and Jiajin Mountains（2006年，自然遗产） 33. 殷墟 Yin Xu（2006年，文化遗产） 34. 中国南方喀斯特 South China Karst（2007年、2014年，自然遗产） 35. 开平碉楼与村落 Kaiping Diaolou and Villages（2007年，文化遗产） 36. 三清山国家公园 Mount Sanqingshan National Park（2008年，自然遗产） 37. 福建土楼 FujianTulou（2008年，文化遗产） 38. 五台山 Mount Wutai（2009年，文化遗产） 39. 中国丹霞 China Danxia（2010年，自然遗产） 40. 登封"天地之中"历史古迹 Historic Monuments of Dengfeng in "The Centre of Heaven and Earth"（2010年，文化遗产） 41. 杭州西湖文化景观 West Lake Cultural Landscape of Hangzhou（2011年，文化遗产） 42. 元上都遗址 Site of Xanadu（2012年，文化遗产） 43. 澄江化石遗址 Chengjiang Fossil Site（2012年，自然遗产） 44. 红河哈尼梯田文化景观 Cultural Landscape of Honghe Hani Rice Terrcaes（2013年，文化遗产） 45. 新疆天山 Xinjiang Tianshan（2013年，自然遗产） 46. 丝绸之路：长安－天山廊道的路网 Silk Roads: the Routes Network of Chang'an-Tianshan Corridor（2014年，文化遗产）（哈萨克斯坦、吉尔吉斯斯坦） 47. 大运河 The Grand Chanal（2014年，文化遗产） 48. 土司遗址 Tusi Sites（2015年，文化遗产） 49. 广西左江花山岩画 Zuojiang Huashan Rock Art Cultural Landscape（2016年，文化遗产） 50. 湖北神农架 Hubei Shennongjia（2016年，自然遗产） 51. 青海可可西里 Qinghai Hoh Xil（2017年，自然遗产） 52. 鼓浪屿：国际历史社区 Kulangsu, a Historic International Settlemen（2017年，文化遗产） 53. 梵净山 Fanjingshan（2018年，自然遗产） 54. 中国黄（渤）海候鸟栖息地（第一期）Migratory Bird Sanctuaries along the Coast of Yellow Sea-Bohai Gulf of China（Phase I）（2019年，自然遗产） 55. 良渚古城遗址 Archaeological Ruins of Liangzhu City（2019年，文化遗产） 56. "泉州：宋元中国的世界海洋商贸中心"Quanzhou: Emporium of the World in Song-Yuan China（2021年，文化遗产）

续表

国别	拥有的世界遗产（中英文名字、入选年份、遗产类型）
中国	57. 普洱市：普洱景迈山古茶林文化景观 Cultural Landscape of Old Tea Forests of the Jingmai Mountain in Pu'er（2023年，文化遗产） 58. 巴丹吉林沙漠——沙山湖泊群 Badain Jaran Desert—Towers of Sand and Lakes（2024年，自然遗产） 59. 北京中轴线：中国理想都城秩序的杰作（Beijing Central Axis：A Building Ensemble Exhibiting the Ideal Order of the Chinese Capital）（2024年，文化遗产）
印度尼西亚	1. 婆罗浮屠寺庙群 Borobudur Temple Compounds（1991年，文化遗产） 2. 普兰巴南寺庙群 Prambanan Temple Compounds（1991年，文化遗产） 3. 科莫多国家公园 Komodo National Park（1991年，自然遗产） 4. 马戎格库龙国家公园 Ujung Kulon National Park（1991年，自然遗产） 5. 桑义兰早期人类遗址 Sangiran Early Man Site（1996年，文化遗产） 6. 洛伦茨国家公园 Lorentz National Park（1999年，自然遗产） 7. 苏门答腊热带雨林 Tropical Rainforest Heritage of Sumatra（2004年，自然遗产） 8. 巴厘文化景观：展现"幸福三要素"哲学思想的苏巴克灌溉系统 Cultural Landscape of Bali：the Subak System as a Manifestation of the Tri Hita Karana Philosophy（2012年，文化遗产） 9. 翁比林煤矿工业遗址 Ombilin Coal Mining Heritage of Sawahlunto（2019年，文化遗产）
老挝	1. 琅勃拉邦的古城 Town of Luang Prabang（1995年，文化遗产） 2. 占巴塞文化景观内的瓦普庙和相关古民居 Vat Phou and Associated Ancient Settlements within the Champasak Cultural Landscape（2001年，文化遗产） 3. 石缸平原 Plain of Jar（2019年，文化遗产）
马来西亚	1. 基纳巴卢山公园 Kinabalu Park（2000年，自然遗产） 2. 穆鲁山国家公园 Gunung Mulu National Park（2000年，自然遗产） 3. 马六甲和乔治城，马六甲海峡历史城市 Melaka and George Town，Historic Cities of the Straits of Malacca（2008年，文化遗产） 4. 玲珑谷地的考古遗址 Archaelogical Heritage of the Lenggong Valley（2012年，文化遗产）
缅甸	1. 骠国古城遗址 Pyu Ancient Cities（2014年，文化遗产） 2. 蒲甘 Bagan（2019年，文化遗产）
菲律宾	1. 图巴塔哈礁自然公园 Tubbataha Reefs Natural Park（1993年，自然遗产） 2. 菲律宾巴洛克教堂 Baroque Churches of the Philippines（1993年，文化遗产） 3. 菲律宾科迪勒拉水稻梯田 Rice Terraces of the Philippine Cordilleras（1995年，文化遗产） 4. 普林塞萨港地下河国家公园 Puerto-Princesa Subterranean River National Park（1999年，自然遗产） 5. 维甘历史古城 Historic Town of Vigan（1999年，文化遗产） 6. 汉密吉伊坦山野生动物保护区 Mount Hamiguitan Range Wildlife Sanctuary（2014年，自然遗产）
新加坡	1. 新加坡植物园 Singapore Botanical Gardens（2015年，文化遗产）

续表

国别	拥有的世界遗产（中英文名字、入选年份、遗产类型）
泰国	1. 童·艾·纳雷松野生动物保护区 Thungyai-Huai Kha Khaeng Wildlife Sanctuaries（1991年，自然遗产） 2. 素可泰历史城镇及相关历史城镇 Historic Town of Sukhothai and Associated Historic Towns（1991年，文化遗产） 3. 阿育他亚（大城）历史城及相关城镇 Historic City of Ayutthaya and Associated Historic Towns（1991年，文化遗产） 4. 班清阿考古遗址 Ban Chiang Archaeological Site（1992年，文化遗产） 5. 东巴耶延山——考爱山森林保护区 Dong Phayayen-Khao Yai Forest Complex（2005年，自然遗产） 6. 岗卡章森林保护区 Kaeng KRCAhan Forest Complex（2021年，自然遗产）
越南	1. 顺化历史建筑群 Complex of Hue Monuments（1993年，文化遗产） 2. 下龙湾 Ha Long Bay（1994年，自然遗产） 3. 会安古镇 Hoi An Ancient Town（1999年，文化遗产） 4. 圣子修道院 My Son Sanctuary（1999年，文化遗产） 5. 丰崖科帮国家公园 Phong Nha-Ke Bang National Park（2003年，自然遗产） 6. 升龙皇城——河内 Central Sector of the Imperial Citadel of Thang Long – Hanoi（2010年，文化遗产） 7. 胡朝时期的城堡 Citadel of the Ho Dynasty（2011年，文化遗产） 8. 长安景观 Trang An Landscape Complex（2014年，文化与自然双重遗产）
柬埔寨	1. 吴哥窟 Angkor（1992年，文化遗产） 2. 柏威夏寺 Temple of Preah Vihear（2008年，文化遗产） 3. 古伊奢那补罗考古遗址的三波坡雷古寺庙区 TempleZone of Sambor Prei Kuk, Archaeological Site of Ancient Ishanapura（2017年，文化遗产）

（二）旅游业人力资源

世界经济论坛《2019年旅游观光国际竞争力报告》（The Travel & Tourism Competitiveness Report 2019）中，中国和东盟各国观光人力资源国际竞争力得分和排名如表6-7所示。2019年新加坡的观光人力资源在全球排名第五，这主要归功于新加坡是世界上最具影响力的国家合格劳动力（排名第一）和良好的劳动力市场（排名第十）。马来西亚以5.4分排名第十五，中国以5.2分排名第二十四。虽然近年来中国加强旅游人力资源建设，但是中国和新加坡、马来西亚的旅游人力资源国际竞争力差距明显，中国的旅游人力资源国际竞争力还有待加强。

表 6-7 2019 年中国和东盟各国观光人力资源国际竞争力得分

国家	中国	新加坡	马来西亚	泰国	印度尼西亚	越南	文莱	菲律宾	老挝	柬埔寨	缅甸
得分	5.2	5.6	5.4	5.1	4.9	4.8	4.6	5.0	4.6	4.2	/
全球排名	24	5	15	27	44	47	69	37	67	95	/

二、国内需求

中国和东盟各国在经济结构和收入水平上有一定差异，如表 6-8 所示，2019 年的国内旅游收入来看，收入较理想的第一梯队为中国、泰国、马来西亚、印度尼西亚和菲律宾五个国家，当年国内旅游收入均超过 200 亿美元。第二梯队的新加坡、越南，当年国内旅游收入超过 100 亿美元。第三梯队为柬埔寨、老挝、缅甸和文莱，当年国内旅游收入均未超过 16 亿美元。

表 6-8 2019 年中国和东盟各国国内旅游收入

单位：美元

国家	国内旅游收入
中国	8362 亿
泰国	273 亿
新加坡	104 亿
马来西亚	218 亿
越南	103.965 亿
印度尼西亚	216 亿
菲律宾	644 亿
柬埔寨	15.764 亿

续表

国家	国内旅游收入
缅甸	14.99 亿
老挝	5.073 亿
文莱	2.751 亿

图 6-4 显示，2019 年中国和东盟各国的人均 GDP，可以看到人均 GDP 较高的国家，其旅游业发展比较好，旅游收入较高。一国经济基础对旅游业发展起着重要的支撑作用。但是，在人均 GDP 方面，中国并不处于优势，而新加坡的人均 GDP 最高，达到 63 987 美元，远远高于中国和东盟其他国家。

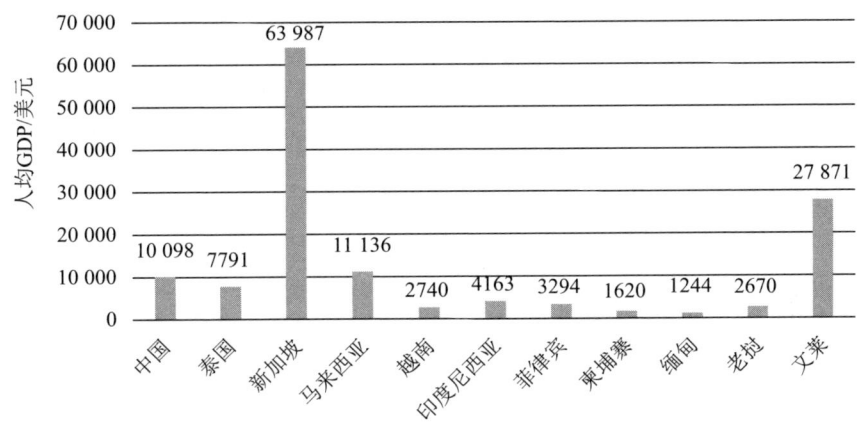

图 6-4　2019 年中国和东盟各国人均 GDP

数据来源：国际货币基金组织。

三、相关及支持产业

从交通运输构成来看，航空是国际旅游的重要交通统计，表 6-9 显示的是 2006 年至 2011 年中国和东盟各国航空客源量。随着航空业的高速发展，绝大部分国家的航空客源量逐年增长，由此可以推测各国的航空业收入也是在逐年稳定增加。由于中国的人口和经济体量较大，可以看到中国的航空客源量远远大于东盟十个国家之和，具有比较显著的优势。截至2021年，中国和东盟各国民航部门持续推进民航领域务实合作，不断提升双方互联互通水平，与中国同行的东盟城市已有44个，航线数量增长至671条。航空运输的发展也将有利于提升各国旅游发展和消费潜力。

表6-9 中国和东盟各国航空客运量情况（2006—2011年）

国家	航空客运量（万人）					
	2006	2007	2008	2009	2010	2011
中国	15 801	18 361	19 100	22 906	26 629	29 216
文莱	104	102	108	100	126	131
柬埔寨	26	31	21	18	28	50
印度尼西亚	2987	3041	2977	2742	5938	7091
老挝	33	33	32	30	44	53
马来西亚	1783	2133	2242	2377	3424	3822
缅甸	162	166	164	153	92	154
菲律宾	830	882	951	1048	2258	2633
新加坡	1957	2067	2105	1843	2486	2651
泰国	2010	2119	1999	1962	2878	3194
越南	528	79	999	1107	1438	1654

数据来源：《中国—东盟统计年鉴2019》。

四、企业组织、战略结构与同业竞争

根据2018年东盟各国行业主管部门公布的数据，文莱全国获得营业执照的旅行社有59家、旅游信息中心3处。柬埔寨旅游住宿设施一直保持着较高的入住率，全国平均值为70%，2016年为68.9%，2017年为71.3%，2018年为72.2%。印度尼西亚住宿设施逐年增多，2018年达3314家，其中五星级饭店210家、四星级饭店682家、三星级饭店1302家、二星级饭店745家，总体比2009年的1240家增长了167%。老挝有饭店670家、宾馆和度假区2432家、餐馆2646家；各类旅游景区（点）中有1318处自然景观、596处文化景观和294处历史遗迹。缅甸各类旅游住宿设施共1704家、客房总数68 167间；出境旅游企业553家、入境及国内游企业2712家。越南饭店总量为970家、客房总量127 076间，其中五星级饭店152家、四星级饭店276家、三星级饭店537家。从组织上看，新加坡全国旅行社协会、泰国旅游协会（ATTA）、马来西亚酒店协会、越南旅游协会、菲律宾旅行社协会、柬埔寨旅游协会、老挝旅游协会、缅甸旅游协会（UMTA）、文莱旅游业协会是各国主要的行业协会。它们在积极引导行业发展，构建企业同盟战略，致力于推进与各国的旅游交往与合作。2021年中国旅行社总数42 432家，2021年第二季度共有6894家星级饭店的统计数据通过省级文化和旅游行政部门审核，中国五星级饭店数量共计736家。整体而言，中国传统的旅游企业同质化程度高，普遍规模不大，经济效益不高。近年来随着科技、电商等元素融入旅游产业，部分优质旅游企业逐渐增强实力，业务不断拓展，在国际旅游市场上具备一定的竞争力。各国行业协会在本国旅游业发展过程中发挥着积极的作用，各国旅游企业普遍规模不大，经济效益有待提高。

五、机遇与政府

东盟各国虽然旅游发展水平差异较大，但是非常重视区域旅游，自1995年起每年举行一次非正式旅游部长会议，1998年升格为东盟旅游部长会议，会议期间还举办东盟旅游论坛。东盟旅游委员会、东盟旅游信息中心、东盟旅游协会等东盟区域旅游合作机构一直在积极推进地区旅游合作。如表6-10所示，在大部分东盟国家的经济中，旅游业都是支柱性产业，基本上都是由政府主导旅游产业发展。在此基础上国有部门和私营企业积极配合政府旅游管理机构，柬埔寨、印度尼西亚、菲律宾等国家则将旅游行政管理机构提升为政府机构，成立独立的旅游部。

表6-10 东盟旅游部门管理设立情况

国家	国家旅游管理部门
中国	中华人民共和国文化和旅游部
文莱	文莱旅游局
柬埔寨	柬埔寨旅游部
印度尼西亚	印度尼西亚旅游部
老挝	老挝信息文化旅游部
马来西亚	马来西亚旅游文化部
缅甸	缅甸饭店与旅游部
菲律宾	菲律宾旅游部
新加坡	新加坡国家旅游局
泰国	泰国国家旅游局
越南	越南文化体育与旅游总部总局

六、竞争力影响要素比较分析小结

通过比较中国和东盟各国旅游业在生产要素，国内需求，相关及支持产业，企业组织、战略结构与同业竞争，机遇与政府几个要素的情况，可以看到在生产要素方面中国的自然和文化资源非常丰富，新加坡的人力资源综合竞争力最强；新加坡的人均GDP最高，远远高于中国和东盟其他国家；中国的航空客源量远远大于东盟十个国家之和，具有比较显著的优势；各国行业协会在本国旅游业发展过程中发挥着积极的作用，各国旅游企业普遍规模不大，经济效益有待提高；旅游业是大部分东盟国家的主要支柱产业，东盟各国虽然旅游发展水平差异较大，但是非常重视区域旅游发展。

第四节　中国旅游服务贸易国际竞争力影响要素分析

随着我国经济快速增长，中国旅游业进入爆发性增长阶段，然而，从中国和东盟国家旅游服务贸易的相关统计数据来看，对比东盟的个别国家（如泰国、马来西亚），中国旅游服务贸易核心竞争力正在不断下降。目前大部分的相关研究主要是通过 TC 和 RCA 等一些指数对旅游服务贸易国际竞争力进行评价，从实证角度分析影响因素的研究比较少。鉴于此，本研究依托波特"钻石模型"，采用定量分析方法，选取具有代表性的指标，以中国近 16 年（2001—2016 年）的数据为分析依据，通过回归分析，找到近年来影响中国旅游服务贸易竞争力的关键因素。

一、指标选取

选取指标的时候考虑数据可得性、指标代表性、系统稳定性的原则，结合新旅游业态下中国旅游服务贸易发展的特征。选择旅游外汇收入作为被解释变量，因为旅游外汇收入是最主要反映一国旅游服务贸易的出口能力。

解释变量的选取说明包括以下几方面：

（一）旅游生产要素指标：旅游行业从业人数

在中国旅游业发展过程中，早期的旅游行业是一个劳动密集型产业，大部分旅游从业人员主要为服务技能型人才。中国旅游服务贸易想要形成长期的竞争优势，还必须依靠专业基础扎实、服务技能过硬、具有营销策划能力的中高级旅游管理人才。生产要素指标将旅游从业人员数量作为代表。

（二）旅游需求条件指标：国内旅游收入

国内居民收入越高，其消费水平也随之上涨，在旅游方面的可自由支配收入也日益增加。国内旅游收入反映了国人出游的数量和旅游消费情况，所以国内旅游需求指标选择国内旅游收入作为代表。

（三）旅游企业要素指标：旅行社平均营业收入、4A级和5A级旅游景区数量

作为旅游行业的主要企业，旅行社和各大旅游景区承担着接待游客的重要任务，它们的经营收入是旅游收入和创汇的重要组成部分。选取旅行社平均营业收入代表旅行社的规模和经营境况。我国于2009年正式实施《旅游区（点）质量等级的划分与评定》，A级景区作为我国特有的景区评定方式，在中国旅游业的发展中具有重要的地位。5A级和4A级旅游景区是游客选择参观游览最集中的景区（点），所以选择5A级和4A级旅游景区数量作为旅游企业要素的一个指标。

（四）相关产业要素指标：航班航线数

与旅游业相关的产业中，交通业是与旅游服务贸易最密切的一个产业。旅游消费者支出中，交通的费用占据了较大的份额，是旅游收入的重要组成部分。目前出入境旅游客人的出行交通工具还是以飞机为主，所以选择航班航线数作为交通业要素的一个重要指标。

二、数据来源

本研究相关数据来自中国国家统计局发布的《中国统计年鉴》和原中国国家旅游局发布的 2001—2017 年《中国旅游业统计公报》。因为 2018 年中华人民共和国文化和旅游部成立,当年以及之后发布的文化和旅游发展统计公报不再单独统计旅游业从业人数和旅行社平均营业收入,这两部分公布的最新数据只能查到 2016 年的数据,所以进行回归分析的数据只统计 2001 至 2016 年的数据。

三、建立模型

令旅游外汇收入为 Y,代表旅游行业在职人员数、代表国内旅游收入,代表旅行社平均营业收入、代表 5A 级和 4A 级旅游景区数量。

平稳性检验。对时间序列数据进行平稳性检验,ADF 检验结果如表 6-11 所示。

表 6-11 ADF 检验结果

变量	ADF 统计值	5% 临界值	结果
lnY	−0.000	−3.000	非平稳
D lnY	−4.259	−3.600	平稳
lnX_1	−2.187	−3.000	非平稳
D lnX_1	−4.402	−3.600	平稳
lnX_2	0.412	−3.000	非平稳
D lnX_2	−3.815	−3.600	平稳
lnX_3	−0.365	−3.000	非平稳
D lnX_3	−5.174	−3.600	平稳
lnX_4	−2.115	−3.000	非平稳

续表

变量	ADF 统计值	5% 临界值	结果
D lnX_4	−5.406	−3.600	平稳
lnX_5	1.579	−3.000	非平稳
D lnX_5	−3.925	−3.600	平稳

注：D 表示一阶差分，ADF 值大于 5% 临界值，时间序列即为非平稳。

从表 6-11 可以看到，对序列原数据进行 ADF 检验，各数据的 ADF 值中 lnY、lnX_1、lnX_2、lnX_3、lnX_4、lnX_5 在 5% 临界值以上，接受原假设，即存在单位根，因此 lnY、lnX_1、lnX_2、lnX_3、lnX_4、lnX_5 为非平稳时间序列。一阶差分变量 $DlnY$、$DlnX_1$、$DlnX_2$、$DlnX_3$、$DlnX_4$、$DlnX_5$ 在 5% 临界值以下拒绝原假设，不存在单位根过程，差分序列都是平稳的。可以看出，这些变量都是一阶单整序列，可以建立协整回归模型。

多元线性回归模型要求变量之间互不相关，本研究选取的 5 个因子中有些因子可能是自相关的，所以对自变量进行相关性检测，5 个因子之间的相关性如表 6-12 所示。

表 6-12　自变量之间的相关系数

变量	lnY	lnX_1	lnX_2	lnX_3	lnX_4	lnX_5
lnY	1.0000					
lnX_1	−0.5731*	1.0000				
lnX_2	0.9320*	−0.5884*	1.0000			
lnX_3	0.9170*	−0.6396*	0.9872*	1.0000*		
lnX_4	0.9362*	−0.6621*	0.9732*	0.9514*	1.0000	
lnX_5	0.9185*	−0.4910	0.9875*	0.9718*	0.9407*	1.0000

由表 6-12 的结果可知，有一些自变量之间存在比较强的相关性，比如 lnX_2 和 lnX_3、lnX_3 和 lnX_4、lnX_4 和 lnX_5 之间的相关系数超过了 0.9。

若对所有解释变量直接进行多元回归分析，会存在多重共线的问题。经过多次筛选，最终选择两个变量作为模型解释变量，得出回归分析结果如表6-13所示。

表6-13 回归结果

变量	系数	标准误差	T统计量	显著性概率值
C	8.4009	0.099 314 2	0.00	1.000
ln	−0.161 005 1	0.117 738 2	−1.73	0.195
ln	0.839 404 8	0.117 738 2	7.13	0.000
R^2	0.863 2			
调整后的 R^2	0.842 2			
F统计量	41.02			

由回归结果可以看出，中国旅游服务贸易出口能力的主要影响因子是 X_1（旅游行业在职人员数）和 X_5（航班航线数），X_5 的 P 值在 0.1 以下，说明显著水平较高。与中国旅游服务贸易出口能力呈正相关，旅游行业在职人员数与中国旅游服务贸易出口能力呈负相关。

本研究对模型的残差序列进行单位根检验，检验结果显示回归方程的残差序列在 1% 的显著性水平下拒绝原假设，说明变量之间存在稳定的均衡关系，模型设定是合理的。

四、结果讨论

从回归分析结果可以看出，在给定条件下当变动 1% 时，旅游外汇收入变动 0.839 4%；当旅游行业在职人员数变动 1% 时，旅游外汇收入变动 −0.161 0%。对旅游外汇收入有着显著影响，这也证实了入境旅游的实现有赖于国际航空客运提供的交通服务，航空客运服务的发展有利于促进入境旅游服务贸易的发展。旅游行业在职人员对旅游外汇收入呈负相关，这与当下中国旅游业发展的实际情况相符合。20世纪80年代到90年代，旅游行业为劳动密集型行业，主要是技能型从业人员。进入21世纪，随着互联网的发展和电商平台的推广应用，中国旅游业向旅游强国迈进的过程中，急需一批懂技术、会管理的中高级人才。

第五节 本章小结

本章主要通过出口市场占有率指数、TC指数、RCA指数、RCAA指数、MI指数五个指数测评中国与东盟旅游服务贸易竞争力，可以看到泰国表现出强劲的旅游服务贸易竞争力，在东盟各国中优势明显；中国旅游服务贸易竞争力正在逐步变弱，已经在国际上处于中等偏低的地位。东盟地区中，马来西亚表现出较强的旅游服务贸易竞争力，印度尼西亚和越南的旅游服务贸易竞争力正在逐渐提升。从中国和东盟各国旅游服务贸易竞争力影响要素比较分析来看，中国在生产要素和相关产业支持中具有一定的优势，新加坡在人力资本和人均GDP方面最有竞争力。运用"钻石模型"借助计量经济学模型分析影响中国旅游服务贸易竞争力的要素，可以得知旅游行业在职人员数和航班航线数对中国旅游服务贸易发挥着重要的影响作用。当前我国旅游业正处在飞速发展的过程中，但是我国的旅游服务贸易国际竞争力还处于弱势。中国旅游服务贸易竞争力的提升，需要政府在全球树立中国旅游品牌的优质形象和推进全域旅游的发展，需要旅游企业开发新的经营模式和培育新型旅游方式，需要高校培养适应全域旅游需求的中高级旅游人才，需要推动中国与东盟国家旅游合作方式的创新，实现中国旅游业同国际接轨，提升中国旅游服务贸易国际竞争力任重道远。中国旅游服务贸易总体规模还是比较大的，但是在国际上中国旅游服务贸易竞争力却比较弱，主要原因还在于自身各要素的不足。中国政治和经济全面发展带动了旅游业的发展，旅游发展动力持续升级。提升中国旅游服务贸易国际竞争力，促进中国—东盟区域旅游经济发展，是中国和东盟经贸合作的重要环节之一。

第七章
中国与东盟各国旅游服务贸易的协同竞争效应

从中国—东盟旅游服务贸易格局分析中可以获悉：中国、泰国、新加坡和马来西亚等位于核心位置的国家在近年旅游服务贸易中竞争激烈，总体表现都很抢眼。提升旅游贸易网络整体的稳定性和协调性，需要位于核心位置的国家提高国家之间的协作能力，共同发挥作为网络主要节点国家的旅游资源优势和旅游经济作用，对处于贸易网络边缘的国家进行引导，加强中国—东盟各国之间旅游服务贸易互动，加大双边或者多边往来，才能获得多赢局面。本章内容将利用第六章统计结果中的旅游服务贸易竞争力指数，采用在地区经济、产业结构等关系中效果良好的 VAR 模型计量经济学分析方法，对中国与东盟主要国家的旅游服务贸易之间的关系进行研究，揭示中国与东盟主要国家的旅游服务贸易具有怎样的长期竞合关系和短期竞合关系，旨在为提升中国和东盟旅游服务贸易竞争力探索合作共赢的发展路径。

第一节 数据来源与研究方法

一、样本数据说明

2020年第一季度东盟以1154.1亿元的优势取代欧盟成为我国第一大贸易伙伴。其中，对越南、马来西亚进出口发挥"龙头"作用，拉动我国对东盟外贸整体增长5.6个百分点。服务贸易竞争力指数（即TC指数）和显示性比较优势指数是对一国（地区）服务贸易国际竞争力分析时较常使用的测度指标。通过前文的实证分析可知，中国旅游服务贸易在TC指数逐渐接近-1，RCA指数小于1，在旅游服务贸易中，国际竞争力在持续减弱。泰国、马来西亚和越南的TC指数逐渐接近1，泰国和马来西亚的RCA指数均大于1，它们在旅游服务贸易中逐渐展示明显的竞争优势。随着全球经济一体化的发展，各国旅游产业开始重视区域联动和集群效应。综合中国和东盟主要客源国的旅游服务贸易竞争力的出口市场占有率、TC指数、RCA指数、MI指数，选取中国、泰国、马来西亚和越南的TC和RCA两个综合指数，作为度量中国和东盟主要国家的旅游服务贸易竞争力水平的研究案例，具有一定的代表性。本章分析选取的数据来自第六章计算的2005年至2019年中国、泰国、马来西亚和越南的旅游服务贸易TC指数和RCA指数的值。通过VAR的协整检验、广义脉冲响应和预测方差分解分析，揭示各国旅游服务贸易之间的长期动态变化关系，观察中国和东盟国家的旅游服务贸易竞争中的中短期反应效应。考虑到数据的可比性，对原始数据进行对数化处理，消除时间序列中的异方差现象。

二、研究方法

（一）VAR 模型

传统计量经济学是以经济理论为基础来描述变量关系的模型。但是，由于内生变量既可以出现在方程的左端又可以出现在方程的右端，使得估计和推算变得复杂，经济理论有时候无法对变量之间的动态联系提供严密的解释说明。1980 年西姆斯（Ch-restopher·Sims）将 VAR 模型引入经济学，推动了经济系统动态性分析的广泛应用。VAR 是一种用非结构性的方法来建立各个变量之间关系的模型。向量自回归（Vecotr atuo-regression）是基于数据的统计性质建立的模型，VAR 模型把系统中每一个内生变量作为系统中所有内生变量的滞后值来构造模型，从而将单变量自回归模型推广到多元时间序列变量组成的"向量"自回归模型。p 阶 VAR 模型表达式为：

$$y_t = A_1 y_{t-1} + \cdots + A_p y_{t-p} + BX_t + \varepsilon_t$$

其中，y_t 是 k 维内生变量向量，X_t 是 d 维内生变量，p 是滞后阶数，样本个数为 T。k×k 维矩阵 A_1，…，A_p 和 k×d 维矩阵 B 是要被估计的系数矩阵。ε_t 是 k 维扰动向量，它们相互之间可以同期相关，但是不与自己的滞后值相关及不与等式右边的变量相关。基于 VAR 模型的脉冲响应和方差分解，可以分析中国和东盟主要国家之间旅游服务贸易竞争力的冲击影响和贡献程度。

采用中国和东盟主要国家的 TC 和 RCA 两个指数，度量中国和东盟主要国家的旅游服务贸易竞争力水平。这里的模型可以设定为：

$$\begin{bmatrix} Y_{1t} \\ Y_{2t} \\ Y_{3t} \\ Y_{4t} \end{bmatrix} = \sum_{j=1}^{p} \begin{bmatrix} \lambda_{11j} & \lambda_{12j} & \lambda_{13j} & \lambda_{14j} \\ \lambda_{21j} & \lambda_{22j} & \lambda_{23j} & \lambda_{24j} \\ \lambda_{31j} & \lambda_{32j} & \lambda_{33j} & \lambda_{34j} \\ \lambda_{41j} & \lambda_{42j} & \lambda_{43j} & \lambda_{44j} \end{bmatrix} \begin{bmatrix} Y_{1t-j} \\ Y_{2t-j} \\ Y_{3t-j} \\ Y_{4t-j} \end{bmatrix} + \begin{bmatrix} \varepsilon_{1t} \\ \varepsilon_{2t} \\ \varepsilon_{3t} \\ \varepsilon_{4t} \end{bmatrix}$$

其中，Y 是旅游贸易竞争力指标，取 TC 指数和 RCA 指数，λ 是待估参数，

ε 是随机扰动。首先通过 VAR 的协整检验，分析中国和东盟主要国家旅游服务贸易竞争力是否存在长期均衡关系。其次通过进行 VAR 脉冲响应分析，讨论东盟主要国家的旅游服务贸易竞争力变化对中国的影响，探究中国和东盟主要国家旅游服务贸易竞争的中短期反应效应。

（二）脉冲响应函数

采用脉冲响应函数，测度随机误差项受到标准差大小冲击以后，其对内生变量的当期和末期的影响，模型如下：

$$Y_{1t}=\beta_{11}Y_{1t-1}+\beta_{12}Y_{2t-1}+\varepsilon_{1t}$$
$$Y_{2t}=\beta_{21}Y_{1t-1}+\beta_{22}Y_{2t-1}+\varepsilon_{2t}$$

其中 ε_{1t} 为随机误差项，当 ε_{1t} 受到一单位冲击后，将使得变量 Y_{1t} 的当期值发生变化，而且使 Y_{2t} 的下一期受到影响。受滞后的影响，Y_{2t} 的变化将引起 Y_{1t} 未来值随之发生变化。

（三）方差预测分解

VAR 预测方差分解法能给出随机信息的相对重要性。它把系统中每个内生变量的预测均方误差（Mean Square Error，MSE）按成因分解为与各个方程相关联的 M 个部分，从而了解各信息对内生变量的重要性。VAR 模型的 S 步预测误差为：

$$\varepsilon_{t+s}+\varphi_1\varepsilon_{ts-1}+\varphi_2\varepsilon_{ts-2}+\mathrm{L}+\varphi_{s-1}\varepsilon_{t+1}$$

均方误差为：

$$\Omega+\varphi_1\Omega\varphi'_1+\mathrm{L}+\varphi_{s-1}\Omega\varphi'_{s-1}=\rho\rho'+\varphi_1\rho\rho'\varphi'_1+\mathrm{L}+\varphi_{s-1}\rho\rho'\varphi'_{s-1} \quad （2）$$

其中 $\rho\rho'=\Omega$，根据式（2）中任一内生变量的预测均方误差分解得出冲击贡献值，进而计算每个变量冲击的重要性，也就是变量的贡献占总贡献的比例。本文拟用 VAR 预测方差分解法来观察中国和东盟主要国家的旅游服务贸易竞争力之间的相互影响程度。

第二节 基于 TC 变量的 VAR 模型测度

本章构建由中国和东盟主要国家的 TC 指数、RCA 指数组成的向量自回归（VAR）模型，利用脉冲响应函数和预测方差分解，分析中国和东盟主要国家旅游服务贸易竞争力是否存在长期均衡关系，以及偏离这种均衡时短期修复速度，讨论东盟主要国家的旅游服务贸易竞争力变化对中国的影响，探究中国和东盟主要国家旅游服务贸易竞争的中短期反应效应。

一、TC 变量 VAR 模型构建

首先对 VAR 模型的滞后期进行选择，对中国、泰国、马来西亚、越南的 TC 变量进行 VAR 分析。如表 7-1 所示，根据 AIC/SC 规则，选择 2 期作为 VAR 模型的最优滞后期。如图 7-1 所示，所有单位根都在单位圆内，说明所建立的 VAR 模型具有稳定性。

表 7-1 对 TC 变量最佳滞后阶数

Lag	LogL	LR	FPE	AIC	SC	HQ
0	72.076 55	NA	3.33e-10	−10.473 31	−10.299 48	−10.509 04
1	121.6398	61.000 90	2.25e-12	−15.636 89	−14.767 74	−15.815 54
2	209.0814	53.810 23*	1.15e-16*	−26.627 91*	−25.063 43*	−26.949 48*

第七章 中国与东盟各国旅游服务贸易的协同竞争效应

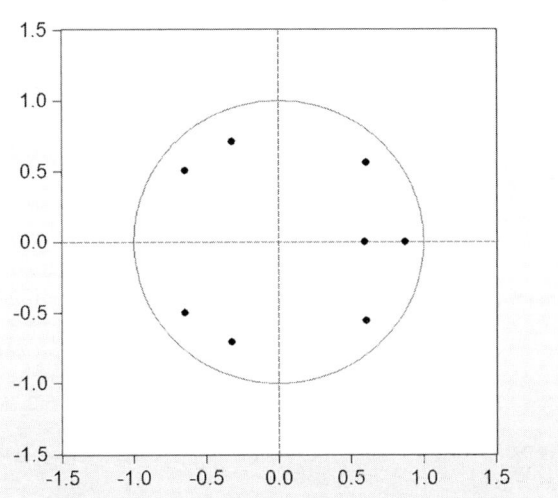

图 7-1 对 TC 变量 VAR 模型单位根检验

二、ADF 平稳性检验

在对时间序列数据进行分析之前，采用 ADF 单位根检验法对数据进行平稳性检验，结果如表 7-2 所示。可以看到各个变量在 5% 显著水平下都不能拒绝存在单位根的原假设，是非平稳序列。对变量进行一阶差分，检验结果如表 7-3 所示，所有变量在 5% 显著水平下拒绝原假设，不存在单位根，变量之间可能存在协整关系，接下来进行协整检验。

表 7-2 中国、泰国、马来西亚、越南四国的 TC 变量的 ADF 检验

国家	变量	（C，T，K）	T 统计量	显著性水平	临界值	结论
中国	TC-CHN	（C，0，2）	-0.570 163	5%	-2.771 926	不平稳
				10%	-1.974 028	
				15%	-1.602 922	

国家	变量	(C, T, K)	T统计量	显著性水平	临界值	结论
泰国	TC-THA	(0, 0, 0)	-1.583 323	5%	-2.740 613	不平稳
				10%	-1.968 430	
				15%	-1.604 392	
马来西亚	TC-MYS	(0, 0, 0)	-1.583 323	5%	-2.740 613	不平稳
				10%	-1.968 430	
				15%	-1.604 392	
越南	TC-VNM	(C, 0, 1)	-0.644 187	5%	-2.759 93	不平稳
				10%	-1.970 978	
				15%	-1.603 693	

表7-3 中国、泰国、马来西亚、越南四国的TC变量差分的ADF检验

国家	变量	(C, T, K)	T统计量	显著性水平	临界值	结论
中国	D(TC-CHN)	(C, 0, 0)	-5.975 163	5%	-4.121 990	平稳
				10%	-3.144 920	
				15%	-2.713 751	
泰国	D(TC-THA)	(C, 0, 1)	-4.242 594	5%	-4.200 056	平稳
				10%	-3.175 352	
				15%	-2.728 985	
马来西亚	D(TC-MYS)	(C, 0, 1)	-4.242 594	5%	-4.200 056	平稳
				10%	-3.175 352	
				15%	-2.728 985	
越南	D(TC-VNM)	(0, 0, 0)	-2.785 845	5%	-2.771 926	平稳
				10%	-1.974 028	
				15%	-1.602 922	

三、协整检验

采用 Engel-Granger 两步法检验变量,以判断中国 TC 与泰国、马来西亚、越南的 TC 是否存在长期稳定的均衡关系。检验中国 TC 与泰国 TC、中国 TC 与马来西亚 TC、中国 TC 与越南 TC 之间的协整关系。用 OLS 分别对 TC-CHN 和 TC-THA、TC-CHN 和 TC-MYS、TC-CHN 和 TC-VNM 进行回归,生成残差序列 E1、E2、E3,对残差序列进行单位根(ADF)检验,利用 SIC 准则确定最佳滞后期,结果如表 7-4 所示。

表 7-4 残差序列 ADF 检验结果

残差序列	ADF 检验值	1% 显著水平	5% 显著水平	结论
E1	−4.603 856	−4.057 910	−3.119 910	平稳
E2	−4.072 916	−4.057 910	−3.119 910	平稳
E3	−2.005 461	−2.754 993	−1.970 978	平稳

注:(C,T,K)表示单位根检验中是否包含常数项、时间趋势项和滞后期数,"0"表示不包含该项。

如表 7-4 结果所示,在 5% 置信水平下,残差序列单位根都拒绝了存在单位根的原假设,残差序列都是平稳的,说明 TC-CHN 和 TC-THA、TC-CHN 和 TC-MYS、TC-CHN 和 TC-VNM 之间存在协整关系,中国和泰国、马来西亚、越南的 TC 指数存在长期均衡关系。

四、脉冲响应分析

由于 VAR 模型中各个估计方程扰动项的方差—协方差矩阵不是对角矩阵,需要进行正交化处理得到对角化矩阵。正交化处理常用方式是乔利斯基分解(Cholesky),它为 VAR 模型的变量增加一个次序,所有影响变量的公共因素将归结到 VAR 模型中首次出现的变量。当变量次序发生改变的时候，变量的响应结果也将发生明显改变。但是，乔利斯基分解也存在缺陷，Pesaran 和 Shin 于 1998 年提出了广义脉冲响应分析，它不依赖 VAR 模型中变量次序的正交的残差矩阵，可提高估计结果的稳定性和可靠性。本文运用广义脉冲函数分析中国贸易竞争优势指数与泰国、马来西亚、越南的 TC 指数相互之间的中短期变化冲击的反应。这里设定冲击相应期为 10 期，考察包括中国、泰国、马来西亚、越南四个国家 TC 变量发生一个标准差变化时的脉冲响应，分析结果如图 7-2 和表 7-5 所示。其中横轴表示冲击作用的滞后期数，纵轴表示 TC 的变化率。

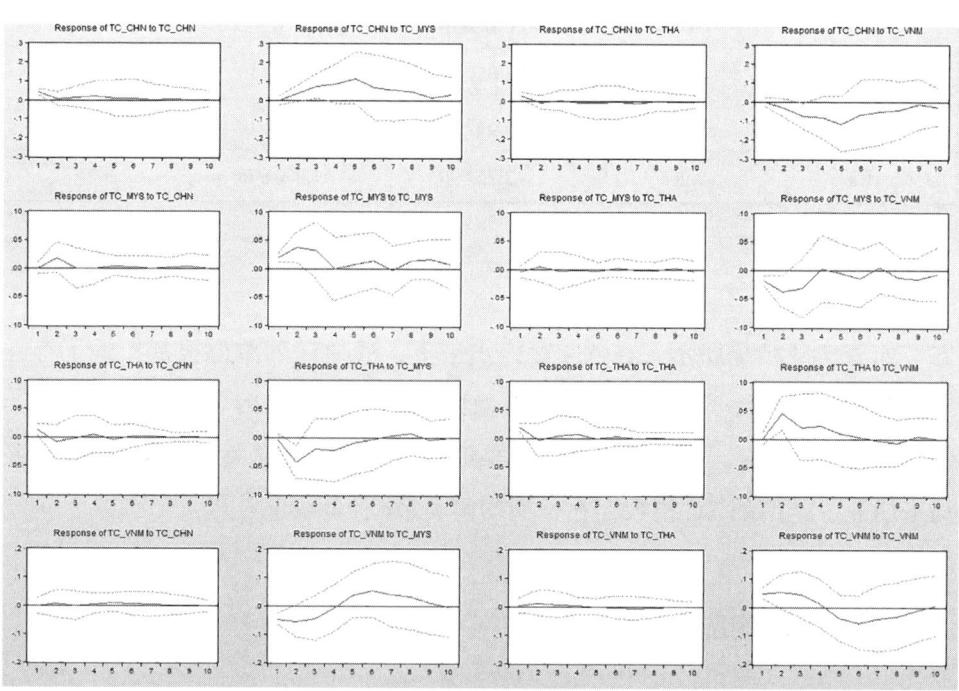

图 7-2　TC 变量脉冲响应分析

表 7-5-1　广义脉冲响应分析结果

期数	Response of TC_CHN to TC_CHN	Response of TC_CHN to TC_MYS	Response of TC_CHN to TC_THA	Response of TC_CHN to TC_VNM
1	0.040 025	−0.001 378	0.026 327	−0.001 322
2	0.004 344	0.035 985	−0.010 273	−0.034 454
3	0.015 568	0.075 742	0.001 051	−0.077 710
4	0.021 009	0.086 657	−0.010 688	−0.085 528
5	0.008 780	0.116 446	−0.010 802	−0.117 799
6	0.010 293	0.066 944	−0.007 617	−0.066 833
7	0.003 597	0.054 920	−0.013 650	−0.053 410
8	0.005 723	0.044 427	−0.001 444	−0.045 394
9	0.002 424	0.014 215	−0.006 191	−0.012 990
10	0.002 266	0.028 510	−0.004 944	−0.028 238
累积	0.114 029	0.522 468	−0.038 231	−0.523 678

表 7-5-2　广义脉冲响应分析结果

期数	Response of TC_MYS to TC_CHN	Response of TC_MYS to TC_MYS	Response of TC_MYS to TC_THA	Response of TC_MYS to TC_VNM
1	−0.000 657	0.019 092	−0.004 888	−0.018 721
2	0.018 024	0.036 945	0.003 940	−0.037 741
3	−0.000 985	0.031 638	−0.002 781	−0.032 384
4	−0.000 868	−0.001 143	−0.002 341	0.001 708
5	0.003 618	0.007 124	−0.002 731	−0.006 365
6	0.001 803	0.013 958	0.002 427	−0.015 004
7	−0.000 156	−0.003 200	−0.002 272	0.003 907
8	0.001 649	0.013 751	−0.002 497	−0.013 535
9	0.003 512	0.015 961	0.001 346	−0.016 643

续表

期数	Response of TC_MYS to TC_CHN	Response of TC_MYS to TC_MYS	Response of TC_MYS to TC_THA	Response of TC_MYS to TC_VNM
10	−0.000 369	0.007 225	−0.003 238	−0.006 740
累积	0.025 571	0.141 351	−0.013 04	−0.141 52

表 7-5-3　广义脉冲响应分析结果

期数	Response of TC_THA to TC_CHN	Response of TC_THA to TC_MYS	Response of TC_THA to TC_THA	Response of TC_THA to TC_VNM
1	0.012 732	−0.004 956	0.019 357	0.001 464
2	−0.008 940	−0.043 460	−0.003 754	0.045 401
3	−0.001 852	−0.020 620	0.004 998	0.020 035
4	0.004 551	−0.023 127	0.006 922	0.202 797
5	−0.004 389	−0.010 073	−0.000 777	0.010 266
6	0.002 046	−0.003 719	0.003 100	0.003 287
7	0.001 357	0.002 837	−0.000 728	−0.002 636
8	−0.000 599	0.006 839	0.000 611	−0.007 351
9	0.000 120	−0.004 104	−0.000 192	0.004 342
10	−0.000 880	−0.000 608	−0.000 599	0.000 700
累积	0.004 146	−0.100 99	0.028 938	0.278 305

表 7-5-4　广义脉冲响应分析结果

期数	Response of TC_VNM to TC_CHN	Response of TC_VNM to TC_MYS	Response of TC_VNM to TC_THA	Response of TC_VNM to TC_VNM
1	−0.001 608	−0.047 735	0.003 682	0.048 681
2	0.006 201	−0.054 865	0.012 867	0.054 537
3	−0.002 194	−0.044 273	0.006 237	0.044 354
4	0.004 613	−0.010 214	0.002 653	0.010 435

续表

期数	Response of TC_VNM to TC_CHN	Response of TC_VNM to TC_MYS	Response of TC_VNM to TC_THA	Response of TC_VNM to TC_VNM
5	0.010 005	0.038 165	−0.000 181	−0.038 758
6	0.006 441	0.053 629	−0.002 884	−0.054 549
7	0.003 570	0.041 364	−0.006 454	−0.041 125
8	0.002 581	0.031 933	−0.004 404	−0.031 915
9	0.000 495	0.010 653	−0.001 509	−0.010 673
10	−0.001 484	−0.004 845	−0.001 995	0.005 418
累积	0.028 62	0.013 812	0.008 012	−0.0136

1. 中国与马来西亚、泰国和越南 TC 变量的动态关系

由表 7-5-1 可以看到，中国受自身冲击响应较大，当期达到最高点，反应为正值（0.040 025），下一期反应下降（0.004 344），第三期小幅上升（0.015 568），然后开始平稳下降，整个分析期内的累积响应值为 0.114，当期中国受自身的总体影响为正。就中国 TC 指数对马来西亚 TC 指数一个单位冲击的响应来看，中国的当前反应为负值（−0.001 378），然后开始上升，至第五期为最高值（0.116 446），然后开始平稳下降，在整个分析期内，中国对马来西亚的累积响应值为 0.522，表明随着马来西亚 TC 指数的增长，中国的 TC 指数也在增长，但是从第五期开始具有下降趋势。就中国 TC 指数对泰国 TC 指数一个单位冲击的响应来看，中国的当前反应为正值（0.026 327），第二期开始下降（−0.010 273），第三期小幅上涨（0.001 051），然后开始平稳下降，整个分析期内的累积响应值为 −0.038，表明泰国 TC 指数对中国 TC 指数产生负面效应。就中国 TC 指数对越南 TC 指数一个单位冲击的响应来看，中国的当前反应为负值（−0.001 322），随后一直下降，到第五期降至最低（−0.117 799），从第六期开始上升，整个分析期内的冲击反应均为负值，累积

响应值为 -0.524，表明越南 TC 指数对中国 TC 指数产生负面效应，越南旅游服务贸易对中国旅游服务贸易的发展具有约束作用。

2. 马来西亚与中国、泰国和越南 TC 变量的动态关系

由表 7-5-2 可以看到，就马来西亚 TC 指数对中国 TC 指数一个单位冲击的响应来看，马来西亚的当前反应为负值（-0.000 657），然后开始上升，第二期为最高值（0.018 024），然后开始平稳下降，第五期重新上升，第六期又开始下降，第八期又开始上升，第十期开始下降，在整个分析期内，马来西亚对中国的累计响应值为 0.026，表明随着中国 TC 指数的增长，马来西亚的 TC 指数也在小幅增长。马来西亚受自身冲击响应较大，当前反应为正值（0.019 092），第二期达到最高点，反应为正值（0.036 954），下一期反应下降（0.031 638），然后开始平稳下降，第五期重新上升，第七期又开始下降，第八期又开始上升，第十期开始下降，整个分析期内的累积响应值为 0.141，当期马来西亚受自身的总体影响为正。就马来西亚 TC 指数对泰国 TC 指数一个单位冲击的响应来看，马来西亚的当前反应为负值（-0.004 888），第二期开始上升（0.003 940），然后开始平稳下降，第六期重新上升，第七期又开始下降，第九期又开始上升，第十期开始下降，整个分析期内的累积响应值为 -0.013，表明泰国 TC 指数对马来西亚 TC 指数产生负面效应。就马来西亚 TC 指数对越南 TC 指数一个单位冲击的响应来看，马来西亚的当前反应为负值（-0.018 721），随后一直下降，第三期重新上升，第五期又开始下降，第七期又开始上升，第八期开始下降，整个分析期内的累积响应值为 -0.142，表明越南 TC 指数对马来西亚 TC 指数产生负面效应，越南旅游服务贸易对马来西亚旅游服务贸易的发展具有约束作用。

3. 泰国与中国、马来西亚和越南 TC 变量的动态关系

由表 7-5-3 可以看到，就泰国 TC 指数对中国 TC 指数一个单位冲击的响

应来看，泰国的当前反应为正值（0.012 732），然后开始下降，第四期重新上升，第五期又开始下降，第六期又开始上升，第八期开始下降，第九期又开始上升，第十期开始下降。在整个分析期内，泰国对中国的累积响应值为0.004，表明随着中国 TC 指数的增长，泰国的 TC 指数也在小幅增长。就泰国 TC 指数对马来西亚 TC 指数一个单位冲击的响应来看，泰国的当前反应为负值（-0.004 956），然后开始下降，第三期重新上升，第九期开始下降，第十期开始下降。在整个分析期内，泰国对马来西亚的累积响应值为-0.101，表明马来西亚 TC 指数对泰国 TC 指数产生负面效应。泰国受自身冲击响应当前反应为正值（0.019 357），下一期反应下降（-0.003 754），第三期重新上升，第五期又开始下降，第六期又开始上升，第七期开始下降，第八期又开始上升，第九期开始下降，整个分析期内的累积响应值为0.029，当期泰国受自身的总体影响为正。就越南 TC 指数对泰国 TC 指数一个单位冲击的响应来看，泰国的当前反应为正值（0.001 464），然后开始上升，第四期为最高值（0.202 797），然后开始平稳下降，第九期重新上升，第十期开始下降，在整个分析期内，泰国对越南的累积响应值为0.278，表明随着越南 TC 指数的增长，泰国的 TC 指数也在增长。

4. 越南与中国、马来西亚和泰国 TC 变量的动态关系

由表 7-5-4 可以看到，就越南 TC 指数对中国 TC 指数一个单位冲击的响应来看，越南的当前反应为负值（-0.001 608），然后开始上升，第三期又开始下降，第四期又开始上升，第六期开始下降，然后开始平稳下降，在整个分析期内，越南对中国的累积响应值为0.029，表明随着中国 TC 指数的增长，越南的 TC 指数也在小幅增长。越南 TC 指数对马来西亚 TC 指数一个单位冲击的响应来看，越南的当前反应为负值（-0.047 735），然后开始下降，第三期开始平稳上升，第七期开始下降，在整个分析期内，越南对马来西亚的累积响应值为0.014，表明随着马来西亚 TC 指数的增长，越南的 TC 指数

也在增长。就越南 TC 指数对泰国 TC 指数一个单位冲击的响应来看,越南的当前反应为正值(0.003 682),第二期开始下降(0.012 867),然后开始平稳下降,第八期开始上升,第十期又开始下降,整个分析期内的累积响应值为 0.008,表明泰国 TC 指数对越南 TC 指数产生正面效应。越南受自身冲击响当期反应为正值(0.048 681),下一期反应上升(0.054 537),第三期开始下降(0.044 354),然后开始平稳下降,第七期开始上升,整个分析期内的累积响应值为 –0.014,当期越南受自身的总体影响为负效应。

五、方差分析

方差分解是通过不同冲击对预测残差标准差的影响程度,分析变量冲击的贡献与总贡献之间的比率。图 7-3 和表 7-6 是用方差分析技术分析了 TC-CHN、TC-THA、TC-MYS 和 TC-VNM 相互之间的贡献率。

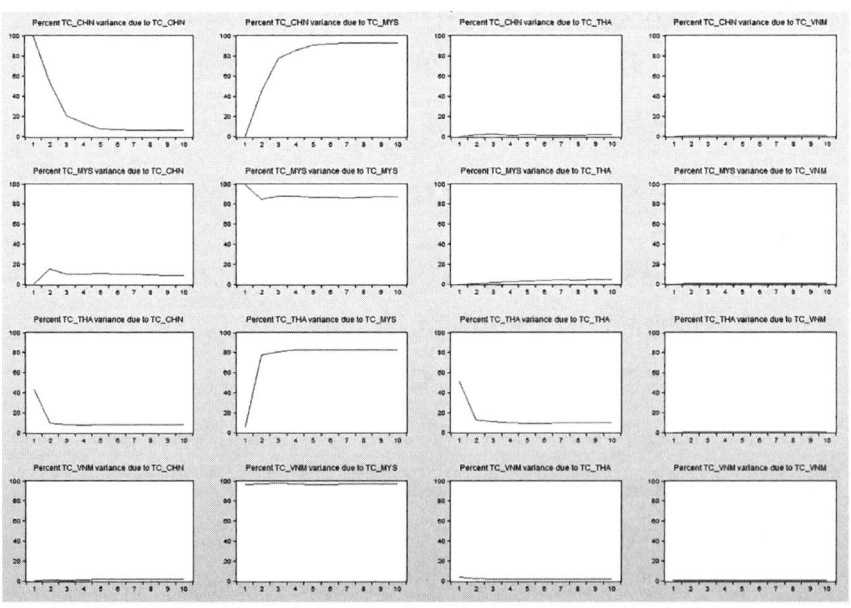

图 7-3 方差分解

表 7-6-1　TC-CHN 的 10 阶段方差分解

阶段	标准差	TC-CHN	TC-MYS	TC-THA	TC-VNM
1	0.040 025	100.000 0	0.000 000	0.000 000	0.000 000
2	0.054 508	54.555 40	43.998 47	1.441 944	0.004 188
3	0.095 834	20.287 55	77.659 51	2.049 242	0.003 703
4	0.131 540	13.319 43	85.400 13	1.276 216	0.004 223
5	0.176 778	7.621 446	90.952 05	1.421 316	0.005 190
6	0.189 459	6.930 533	91.817 23	1.247 151	0.005 085
7	0.197 384	6.418 357	92.377 59	1.198 819	0.005 232
8	0.202 584	6.172 930	92.554 31	1.267 434	0.005 326
9	0.203 198	6.149 922	92.491 68	1.353 082	0.005 319
10	0.205 214	6.041 848	92.625 90	1.326 900	0.005 351

表 7-6-2　TC-MYS 的 10 阶段方差分解

阶段	标准差	TC-CHN	TC-MYS	TC-THA	TC-VNM
1	0.019 092	0.118 478	99.881 52	0.000 000	0.000 000
2	0.045 867	15.463 14	84.463 38	0.068 884	0.004 593
3	0.056 201	10.329 80	87.915 32	1.748 763	0.006 118
4	0.056 293	10.320 03	87.673 48	2.000 191	0.006 295
5	0.057 073	10.441 58	86.907 09	2.644 992	0.006 346
6	0.059 137	9.818 341	86.573 64	3.601 478	0.006 536
7	0.059 365	9.744 043	86.204 23	4.045 121	0.006 606
8	0.060 976	9.309 077	86.843 51	3.840 803	0.006 607
9	0.063 281	8.951 256	87.096 27	3.945 911	0.006 562
10	0.063 719	8.832 092	87.187 07	3.974 320	0.006 516

表 7-6-3　TC-THA 的 10 阶段方差分解

阶段	标准差	TC-CHN	TC-MYS	TC-THA	TC-VNM
1	0.019 357	43.263 79	5.453 302	51.282 91	0.000 000
2	0.050 006	9.678 863	77.514 85	12.801 50	0.004 778
3	0.054 186	8.359 990	80.605 32	11.029 75	0.004 942
4	0.059 069	7.628 443	82.969 39	9.397 219	0.004 944
5	0.060 110	7.899 619	83.016 75	9.078 718	0.004 913
6	0.060 269	7.973 301	82.947 07	9.074 621	0.005 005
7	0.060 367	7.997 752	82.904 37	9.092 873	0.005 010
8	0.060 863	7.877 758	82.816 44	9.300 784	0.005 014
9	0.061 025	7.836 283	82.828 18	9.330 483	0.005 050
10	0.061 035	7.854 447	82.811 61	9.328 890	0.005 052

表 7-6-4　TC-VNM 的 10 阶段方差分解

阶段	标准差	TC-CHN	TC-MYS	TC-THA	TC-VNM
1	0.048 681	0.109 085	96.486 79	3.398 833	0.005 293
2	0.073 686	0.755 839	97.187 16	2.052 902	0.004 103
3	0.086 126	0.618 185	97.685 68	1.691 803	0.004 334
4	0.086 918	0.888 67	97.253 21	1.853 577	0.004 542
5	0.095 653	1.827 808	96.530 52	1.637 081	0.004 588
6	0.110 239	1.717 493	96.566 56	1.711 255	0.004 692
7	0.117 856	1.594 398	96.892 57	1.508 354	0.004 674
8	0.122 177	1.528 242	97.038 49	1.428 453	0.004 819
9	0.122 647	1.518 179	97.053 82	1.423 142	0.004 855
10	0.122 791	1.529 218	96.985 62	1.480 308	0.004 849

从表 7-6-1 可知，中国 TC 指数只在方差分解的第一阶段受到自身的冲击作用，而马来西亚、泰国、越南的 TC 指数对中国 TC 指数的影响在方差分解第二阶段才表现出来，马来西亚贡献值较高，为 43.998 47，泰国和越南的贡献值较低，仅为 1.441 944 和 0.004 188。马来西亚 TC 指数对中国 TC 指数的贡献值在方差分解的第三阶段大于中国 TC 指数自身在该阶段的贡献值。可见在短期内，中国 TC 指数对自身有较大促进作用，但是从长期来看，加大与马来西亚的旅游服务贸易交流合作所取得的效果可以超过中国对自身的促进作用。

从表 7-6-2 可知，马来西亚 TC 指数只在方差分解的第一阶段受到自身的冲击作用较为明显，该阶段贡献值为 99.881 52。而中国 TC 指数对马来西亚 TC 指数的贡献值较小，为 0.118 478。与此同时，泰国和越南的 TC 指数在方差分解的第一阶段的贡献值为 0。在方差分解的第二阶段，马来西亚 TC 指数小幅下降，但其贡献值仍然大于其他变量，保持在 86 以上。中国 TC 指数对马来西亚 TC 指数的贡献值在方差分解的第二阶段上升至 15.463 14，然后在第三阶段开始下降，并在第十阶段达到最小值 8.832 092。泰国 TC 指数的贡献值表现为先升后降，并在方差分解的第七阶段达到最大值为 4.045 121。越南 TC 指数的贡献值表现也为先升后降，并在方差分解的第八阶段达到最大值为 0.006 607。总体而言，从对马来西亚 TC 指数分析来看，它受自身扰动影响较大，其他国家的影响较小，该结果与实际相符。

从表 7-6-3 可知，泰国 TC 指数在方差分解的第一阶段受到自身的冲击和中国 TC 指数的影响，分别是 51.282 91 和 43.267 39。受到马来西亚 TC 指数的冲击非常小，仅为 5.453 302，越南 TC 指数在方差分解的第一阶段贡献值为 0。在方差分解的第二阶段泰国 TC 开始下降，从第四阶段开始保持在 9 左右。中国 TC 指数对泰国 TC 指数的贡献值在方差分解的第二阶段开始下降，从第四阶段开始保持在 7 左右。马来西亚 TC 指数对泰国 TC 指数的贡献值在方差分解的第二阶段上升至 77.514 85，然后先升后降，并在第五阶段达到最大值 83.016 75，其贡献值仍然大于其他变量。越南 TC 指数的贡献值在方差分解的第二阶段开始小幅上升，并在方差分解的第十阶段达到最大值为 0.005 052。这表明在长期均衡中，马来西亚对泰国的影响是长期的，马来西亚的贡献度显著大于中国对泰国和泰国对自身的贡献度。

从表 7-6-4 可知，越南 TC 指数在方差分解的第一阶段主要受到马来西亚 TC 指数的影响，该阶段的贡献值为 96.486 79。而中国 TC 指数和泰国 TC 指数的贡献值较小，该阶段的贡献值为 0.109 085 和 3.398 833。与此同时，越南 TC 指数受到自身冲击非常小，该阶段贡献值仅为 0.005 293。在方差分解的第二阶段，越南 TC 指数对自身贡献值小幅下降为 0.004 103，随后逐步提升，在方差分解的第十阶段达到最大，其贡献值为 0.004 849。中国 TC 指数在方差分解的第二阶段贡献值上升为 0.755 839，随后先降后升，从方差分解的第七阶段开始基本保持在 1.5 左右。在方差分解的第二阶段，马来西亚 TC 指数上升到 97.187 16，随后处于小幅升降的状态，基本保持在 96 到 98 之间，其贡献值远远大于其他变量。在方差分解的第二阶段，泰国 TC 指数下降到 2.052 902，随后处于小幅升降的状态，基本保持在 1.4 到 1.8 之间。这表明在长期均衡中，马来西亚对越南的影响是长期的，马来西亚的贡献度显著大于中国对越南和越南对自身的贡献度。

第三节 基于 RCA 变量的 VAR 模型测度

一、RCA 变量 VAR 模型构建

首先对 VAR 模型的滞后期进行选择，对中国、泰国、马来西亚、越南的 RCA 变量进行 VAR 分析。根据 AIC/SC 规则，如表 7-7 所示，选择 2 期作为

VAR 模型的最优滞后期。如图 7-4 所示，所有单位根都在单位圆内，说明所建立的 VAR 模型具有稳定性。

表 7-7 对 RCA 变量最佳滞后阶数

Lag	LogL	LR	FPE	AIC	SC	HQ
0	16.531 91	NA	1.71e-06	-1.927 986	-1.754 155	-1.963 716
1	58.919 46	52.169 30	3.48e-08	-5.987 609	-5.118 457	-6.166 259
2	108.6172	30.583 21*	5.95e-10*	-11.171 87*	-9.607 398*	-11.493 44*

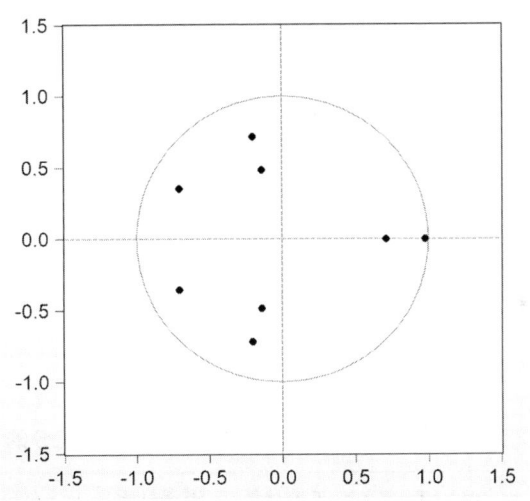

图 7-4 对 RCA 变量 VAR 模型单位根检验

二、ADF 平稳性检验

在对时间序列数据进行分析之前，采用 ADF 单位根检验法对数据进行平稳性检验，结果如表 7-8 所示。可以看到各个变量在 1% 显著水平下都不能拒绝存在单位根的原假设，是非平稳序列。对变量进行一阶差分，检验结果如表 7-9 所示，所有变量在 1% 显著水平下拒绝原假设，不存在单位根，变量之间可能存在协整关系，接下来进行协整检验。

表 7-8 中国、泰国、马来西亚、越南四国的 RCA 变量的 ADF 检验

国家	变量	(C, T, K)	T 统计量	显著性水平	临界值	结论
中国	RCA-CH	(0, 0, 0)	-2.489 290	5%	-2.740 613	不平稳
				10%	-1.968 430	
				15%	-1.604 392	
泰国	RCA-TH	(0, 0, 2)	2.510 479	5%	-2.771 926	不平稳
				10%	-1.974 028	
				15%	-1.602 922	
马来西亚	RCA-MA	(0, 0, 0)	0.052 674	5%	-2.740 613	不平稳
				10%	-1.968 430	
				15%	-1.604 392	
越南	RCA-VI	(0, 0, 3)	-2.407 105	5%	-2.792 154	不平稳
				10%	-1.977 738	
				15%	-1.602 074	

表 7-9 中国、泰国、马来西亚、越南四国的 RCA 变量差分的 ADF 检验

国家	变量	(C, T, K)	T 统计量	显著性水平	临界值	结论
中国	D（RCA-CH）	(C, T, 1)	-5.416 089	5%	-4.121 99	平稳
				10%	-3.144 92	
				15%	-2.713 751	
泰国	D（RCA-TH）	(C, 0, 1)	-5.040 391	5%	-4.992 279	平稳
				10%	-3.875 302	
				15%	-3.388 330	

续表

国家	变量	(C, T, K)	T 统计量	显著性水平	临界值	结论
马来西亚	D（RCA-MA）	(0, 0, 0)	-4.053 666	5%	-2.754 993	平稳
				10%	-1.970 978	
				15%	-1.603 693	
越南	D（RCA-VI）	(C, 0, 1)	-5.740 142	5%	-4.121 99	平稳
				10%	-3.144 920	
				15%	-2.713 751	

三、协整检验

采用恩格尔-格兰杰（Engel-Granger）检验两步法检验变量，以判断中国 RCA 与泰国、马来西亚、越南的 RCA 是否存在长期稳定的均衡关系。检验中国 RCA 与泰国 RCA、中国 RCA 与马来西亚 RCA、中国 RCA 与越南之间的协整关系。用 OLS 分别对 RCA-CH 和 RCA-TH、RCA-CH 和 RCA-MA、RCA-CH 和 RCA-VI 进行回归，生成残差序列 E1、E2、E3，对残差序列进行单位根检验，利用 SIC 准则确定最佳滞后期，结果如表 7-10 所示。

表 7-10 残差序列 ADF 检验结果

残差序列	ADF 检验值	1% 显著水平	5% 显著水平	结论
E1	-3.709 277	-2.740 613	-1.968 430	平稳
E2	-4.831 057	-4.057 910	-2.701 103	平稳
E3	-4.947 061	-4.121 990	-3.144 920	平稳

注：(C, T, K) 表示单位根检验中是否包含常数项、时间趋势项和滞后期数，"0" 表示不包含该项。

如表 7-10 结果所示，在 5% 置信水平下，残差序列单位根都拒绝了存在单位根的原假设，残差序列都是平稳的，说明 RCA-CH 和 RCA-TH、RCA-CH 和 RCA-MA、RCA-CH 和 RCA-VI 之间存在协整关系，中国和泰国、马来西亚、越南的 RCA 指数存在长期均衡关系。

四、脉冲响应分析

运用广义脉冲函数分析中国贸易竞争优势指数对泰国、马来西亚、越南的 RCA 指数中短期变化冲击的反应。这里设定冲击响应期为 10 期，考察包括中国、泰国、马来西亚、越南四个国家 RCA 变量发生一个标准差变化时的脉冲响应，输入结果如图 7-5 和表 7-11 所示。

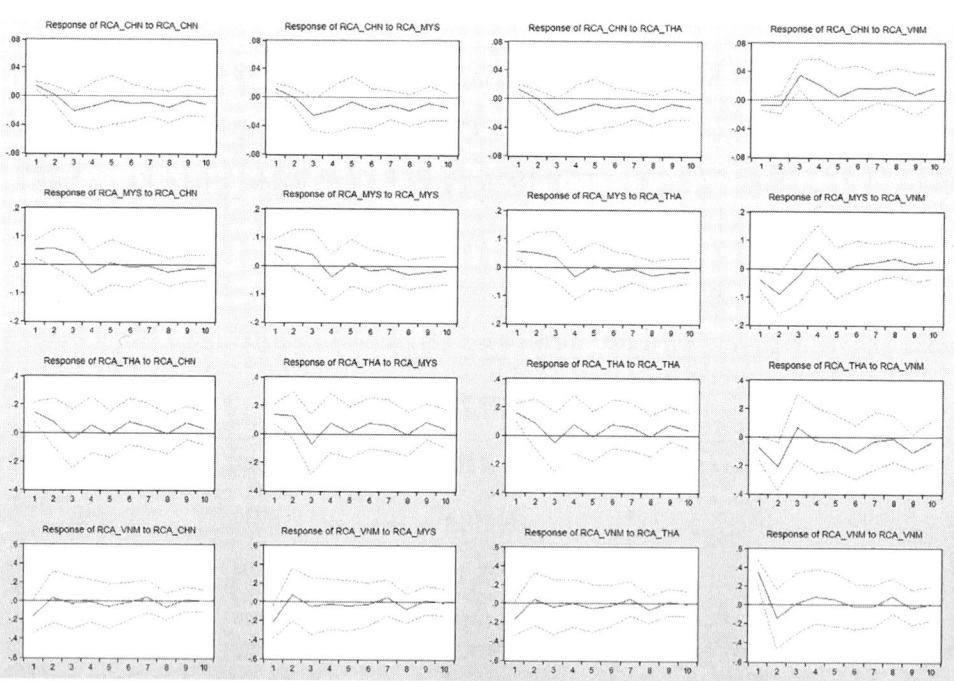

图 7-5 RCA 变量脉冲响应分析

表 7-11-1　广义脉冲响应分析结果

期数	Response of RCA_CHN to RCA_CHN	Response of RCA_CHN to RCA_MYS	Response of RCA_CHN to RCA_THA	Response of RCA_CHN to RCA_VNM
1	0.014 225	0.011 416	0.012 897	−0.006 871
2	0.000 665	−0.000 765	−0.001 144	−0.006 938
3	−0.020 623	−0.025 869	−0.022 442	0.035 046
4	−0.014 459	−0.018 000	−0.015 314	0.021 606
5	−0.006 195	−0.006 488	−0.007 593	0.004 152
6	−0.010 251	−0.016 016	−0.012 740	0.016 641
7	−0.009 053	−0.010 847	−0.009 320	0.016 763
8	−0.015 478	−0.018 589	−0.017 357	0.018 542
9	−0.005 609	−0.008 464	−0.007 043	0.008 426
10	−0.010 635	−0.013 568	−0.011 830	0.017 109
累积	−0.077 41	−0.107 19	−0.091 89	0.124 476

表 7-11-2　广义脉冲响应分析结果

期数	Response of RCA_MYS to RCA_CHN	Response of RCA_MYS to RCA_MYS	Response of RCA_MYS to RCA_THA	Response of RCA_MYS to RCA_VNM
1	0.053 262	0.066 369	0.057 216	−0.041 350
2	0.055 951	0.055 887	0.050 232	−0.091 443
3	0.036 468	0.037 629	0.035 759	−0.026 394
4	−0.030 219	−0.040 665	−0.032 841	0.057 666
5	0.005 482	0.010 199	0.005 155	−0.014 662
6	−0.009 058	−0.017 586	−0.014 903	0.012 822
7	−0.005 165	−0.010 954	−0.006 271	0.021 890
8	−0.027 376	−0.030 816	−0.029 654	0.036 761
9	−0.014 703	−0.021 459	−0.018 682	0.017 507

续表

期数	Response of RCA_MYS to RCA_CHN	Response of RCA_MYS to RCA_MYS	Response of RCA_MYS to RCA_THA	Response of RCA_MYS to RCA_VNM
10	−0.011 734	−0.016 552	−0.013 843	0.023 055
累积	0.052 908	0.032 052	0.032 168	0.037 202

表 7-11-3 广义脉冲响应分析结果

期数	Response of RCA_THA to RCA_CHN	Response of RCA_THA to RCA_MYS	Response of RCA_THA to RCA_THA	Response of RCA_THA to RCA_VNM
1	0.145 894	0.138 728	0.160 919	−0.077 429
2	0.075 617	0.130 139	0.085 240	−0.210 313
3	−0.040 241	−0.070 782	−0.051 829	0.066 503
4	0.055 972	0.075 720	0.077 268	−0.027 312
5	−0.011 173	0.012 377	−0.009 035	−0.046 018
6	0.078 109	0.076 456	0.077 014	−0.112 761
7	0.045 948	0.062 974	0.058 485	−0.030 019
8	−0.006 763	0.000 577	−0.003 966	−0.015 277
9	0.071 388	0.088 726	0.077 241	−0.108 894
10	0.032 067	0.037 389	0.035 897	−0.035 684
累积	0.446 818	0.413 576	0.507 234	−0.5972

表 7-11-4 广义脉冲响应分析结果

期数	Response of RCA_VNM to RCA_CHN	Response of RCA_VNM to RCA_MYS	Response of RCA_VNM to RCA_THA	Response of RCA_VNM to RCA_VNM
1	−0.165 013	−0.212 833	−0.164 372	0.341 611
2	0.033 023	0.073 724	0.041 132	−0.146 923
3	−0.024 985	−0.046 977	−0.043 825	0.013 376

续表

期数	Response of RCA_VNM to RCA_CHN	Response of RCA_VNM to RCA_MYS	Response of RCA_VNM to RCA_THA	Response of RCA_VNM to RCA_VNM
4	−0.006 254	−0.027 440	−0.000 394	0.082 805
5	−0.061 524	−0.040 134	−0.055 370	0.053 684
6	−0.012 206	−0.029 512	−0.025 162	−0.020 816
7	0.043 167	0.046 591	0.048 816	−0.018 876
8	−0.066 279	−0.073 888	−0.068 390	0.086 810
9	0.010 928	0.014 679	0.010 553	−0.031 593
10	−0.001 840	−0.005 855	−0.004 129	0.008 816
累积	−0.250 98	−0.301 65	−0.261 14	0.368 894

1. 中国与马来西亚、泰国和越南 RCA 变量的动态关系

由表 7-11-1 可以看到，中国受自身冲击响应较大，当期达到最高点，反应为正值（0.014 225），下一期反应下降（0.006 65），然后开始平稳下降，第五期重新上升，第六期又开始下降，第七期又开始上升，第八期下降，第九期上升，第十期开始下降，整个分析期内的累积响应值为 −0.077，当期中国受自身的总体影响为负效应。从中国 RCA 指数对马来西亚 RCA 指数一个单位冲击的响应来看，中国的当前反应为正值（0.011 416），下一期反应下降（−0.000 765），然后开始平稳下降，第四期重新上升，第六期又开始下降，第七期又开始上升，第八期下降，第九期上升，第十期开始下降，在整个分析期内，中国对马来西亚的累积响应值为 −0.107，表明马来西亚 RCA 指数对中国 RCA 指数产生负面效应。就中国 RCA 指数对泰国 RCA 指数一个单位冲击的响应来看，中国的当前反应为正值（0.012 897），第二期开始下降（−0.001 144），然后开始平稳下降，第四期重新上升，第六期又开始下降，第七期又开始上升，第八期下降，第九期上升，第十期开始下降，整个分析期

内的累积响应值为 -0.092，表明泰国 RCA 指数对中国 RCA 指数产生负面效应。就中国 RCA 指数对越南 RCA 指数一个单位冲击的响应来看，中国的当前反应为负值（-0.006 871），第二期开始下降（-0.006 938），到第三期升至最高（0.035 046），从第四期开始下降，第六期又开始上升，第九期下降，第十期开始上升，整个分析期内的累积响应值为 0.124 476，表明越南 RCA 指数对中国 RCA 指数产生正面效应，越南旅游服务贸易对中国旅游服务贸易的发展具有促进作用。

2. 马来西亚与中国、泰国和越南 RCA 变量的动态关系

由表 7-11-2 可以看到，就马来西亚 RCA 指数对中国 RCA 指数一个单位冲击的响应来看，马来西亚的当前反应为正值（0.053 262），然后开始上升，第二期为最高值（0.055 951），然后开始平稳下降，第五期重新上升，第六期又开始下降，第七期又开始上升，第八期开始下降，第九期上升，在整个分析期内，马来西亚对中国的累积响应值为 0.053，表明随着中国 RCA 指数的增长，马来西亚的 RCA 指数也在小幅增长。马来西亚受自身冲击响应较大，当前达到最高点，反应为正值（0.066 369），第二期反应下降（0.055 887），然后开始平稳下降，第五期重新上升，第六期又开始下降，第七期又开始上升，第八期开始下降，第九期上升，整个分析期内的累积响应值为 0.032，当期马来西亚受自身的总体影响为正。就马来西亚 RCA 指数对泰国 RCA 指数一个单位冲击的响应来看，马来西亚的当前反应为正值（0.057 216），第二期开始下降（0.050 232），然后开始平稳下降，第五期重新上升，第六期又开始下降，第七期又开始上升，第八期开始下降，第九期上升，整个分析期内的累积响应值为 0.0322，表明泰国 RCA 指数对马来西亚 RCA 指数产生正面效应。就马来西亚 RCA 指数对越南 RCA 指数一个单位冲击的响应来看，马来西亚的当前反应为负值（-0.041 350），随后一直下降，第三期重新上升，第五期又开始下降，第六期又开始上升，第九期开始下降，第十期上升，整个

分析期内的累积响应值为0.037，表明越南RCA指数对马来西亚RCA指数产生正面效应，越南旅游服务贸易对马来西亚旅游服务贸易的发展具有促进作用。

3. 泰国与中国、马来西亚和越南RCA变量的动态关系

由表7-11-3可以看到，就泰国RCA指数对中国RCA指数一个单位冲击的响应来看，泰国的当前反应为正值（0.145 894），然后开始下降，第四期重新上升，第五期又开始下降，第六期又开始上升，第七期开始下降，第九期又开始上升，第十期开始下降。在整个分析期内，泰国对中国的累积响应值为0.447，表明随着中国RCA指数的增长，泰国的RCA指数也在增长。就泰国RCA指数对马来西亚RCA指数一个单位冲击的响应来看，泰国的当前反应为正值（0.138 728），然后开始下降，第四期重新上升，第五期开始下降，第六期又开始上升，第七期开始下降，第九期又开始上升，第十期开始下降。在整个分析期内，泰国对马来西亚的累积响应值为0.414。表明马来西亚RCA指数对泰国RCA指数产生正面响应。泰国受自身冲击效应当前反应为正值（0.160 919），下一期反应下降（0.085 240），第四期重新上升，第五期又开始下降，第六期又开始上升，第七期开始下降，第九期又开始上升，第十期开始下降，整个分析期内的累积响应值为0.507，当期泰国受自身的总体影响为正。就越南RCA指数对泰国RCA指数一个单位冲击的响应来看，泰国的当前反应为负值（-0.077 429），然后开始上升，第三期为最高值（0.066 503），然后开始平稳下降，第七期重新上升，第十期开始上升，在整个分析期内，泰国对越南的累积响应值为-0.597，表明随着越南RCA指数的下降，泰国的RCA指数也在下降。

4. 越南与中国、马来西亚和泰国RCA变量的动态关系

由表7-11-4可以看到，就越南RCA指数对中国RCA指数一个单位冲击

的响应来看，越南的当前反应为负值（-0.165 013），然后开始上升，第三期又开始下降，第四期又开始上升，第五期开始下降，第六期上升，第八期下降，第九期上升，第十期下降，在整个分析期内，越南对中国的累积响应值为 -0.251，表明随着中国 RCA 指数的下降，越南的 RCA 指数也在下降。越南 RCA 指数对马来西亚 RCA 指数一个单位冲击的响应来看，越南的当前反应为负值（-0.212 833），然后开始上升，第三期开始下降，第四期开始上升，第五期下降，第六期上升，第八期开始下降，第九期上升，第十期下降，在整个分析期内，越南对马来西亚的累积响应值为 -0.302，表明随着马来西亚 RCA 指数的下降，越南的 RCA 指数也在下降。就越南 RCA 指数对泰国 RCA 指数一个单位冲击的响应来看，越南的当前反应为负值（-0.164 372），第二期开始上升（0.041 132），然后开始下降，第四期上升，第五期下降，第六期上升，第八期开始下降，第九期上升，第十期又开始下降，整个分析期内的累积响应值为 -0.261，表明泰国 RCA 指数对越南 RCA 指数产生负面效应。越南受自身冲击效应当期反应为正值（0.341 611），下一期反应下降（-0.146 923），第三期开始上升（0.013 376），第五期开始下降，第七期开始上升，第九期下降，第十期上升，整个分析期内的累积响应值为 0.369，当期越南受自身的总体影响为正效应。

五、方差分析

图 7-6 和表 7-12 是用方差分析技术分析了 RCA-CHN、RCA-MYS、RCA-THA 和 RCA-VNM 相互之间的贡献率。

第七章 中国与东盟各国旅游服务贸易的协同竞争效应

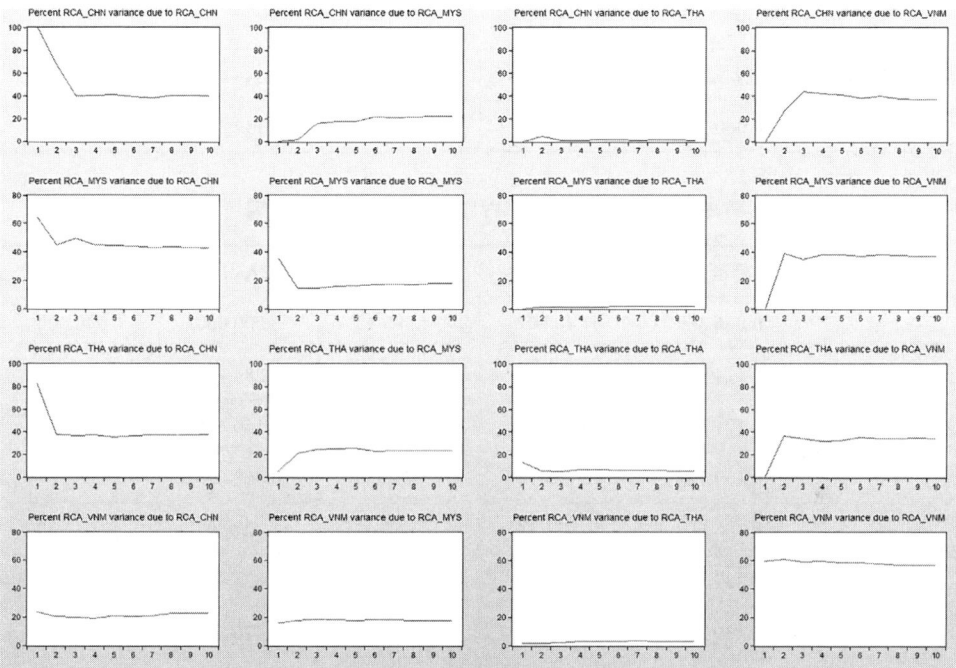

图 7-6　RCA 指数方差分解

表 7-12-1　RCA-CHN 的 10 阶段方差分解

阶段	标准差	RCA-CHN	RCA-MYS	RCA-THA	RCA-VNM
1	0.014 225	100.0000	0.000 000	0.000 000	0.000 000
2	0.017 405	66.944 70	1.564 528	4.097 071	27.393 70
3	0.039 748	39.755 74	15.740 68	0.810 545	43.693 03
4	0.045 642	40.185 68	17.455 01	0.631 620	41.727 69
5	0.046 306	40.831 02	17.259 11	1.336 168	40.573 70
6	0.049 977	39.259 85	21.640 99	1.226 818	37.872 34
7	0.052 746	38.191 52	20.724 10	1.117 798	39.966 58
8	0.056 808	40.349 89	21.177 83	1.204 202	37.268 08
9	0.057 639	40.141 46	21.899 10	1.219 890	36.739 55

续表

阶段	标准差	RCA-CHN	RCA-MYS	RCA-THA	RCA-VNM
10	0.060 298	39.790 51	21.967 58	1.132 350	37.109 56

表 7-12-2　RCA-MYS 的 10 阶段方差分解

阶段	标准差	RCA-CHN	RCA-MYS	RCA-THA	RCA-VNM
1	0.066 369	64.404 07	35.595 93	0.000 000	0.000 000
2	0.114 984	45.134 43	14.423 31	1.283 122	39.159 14
3	0.121 512	49.421 58	14.245 61	1.160 415	35.172 40
4	0.134 744	45.221 76	15.753 80	0.968 606	38.055 84
5	0.135 667	44.771 44	16.053 45	1.127 507	38.047 60
6	0.137 330	44.128 70	17.252 48	1.425 464	37.193 35
7	0.139 211	43.082 16	17.461 56	1.426 575	38.029 70
8	0.144 655	43.482 07	17.222 72	1.404 848	37.890 36
9	0.146 499	43.401 15	18.013 08	1.475 787	37.109 98
10	0.148 400	42.921 66	18.204 05	1.447 452	37.426 84

表 7-12-3　RCA-THA 的 10 阶段方差分解

阶段	标准差	RCA-CHN	RCA-MYS	RCA-THA	RCA-VNM
1	0.160 919	82.197 52	5.082 501	12.719 98	0.000 000
2	0.268 179	37.545 82	20.673 07	5.579 082	36.202 03
3	0.280 202	36.455 58	24.237 61	5.117 042	34.189 77
4	0.293 969	36.745 99	25.104 68	6.664 091	31.485 24
5	0.300 401	35.327 66	25.459 35	6.805 114	32.407 88
6	0.322 911	36.425 18	22.544 63	5.896 907	35.133 29
7	0.329 785	36.863 58	23.374 09	6.004 283	33.758 06

续表

阶段	标准差	RCA-CHN	RCA-MYS	RCA-THA	RCA-VNM
8	0.330 546	36.735 90	23.359 28	5.976 744	33.928 07
9	0.349 305	37.072 94	23.192 89	5.354 676	34.379 49
10	0.351 810	37.377 78	23.172 11	5.315 919	34.134 19

表 7-12-4　RCA-VNM 的 10 阶段方差分解

阶段	标准差	RCA-CHN	RCA-MYS	RCA-THA	RCA-VNM
1	0.341 611	23.333 05	15.564 05	1.643 009	59.459 89
2	0.374 622	20.179 19	17.405 82	1.614 041	60.800 95
3	0.379 760	20.069 62	18.350 20	2.230 051	59.350 12
4	0.391 424	18.916 85	18.194 58	3.069 027	59.819 54
5	0.398 683	20.615 69	17.688 99	3.005 286	58.690 03
6	0.403 589	20.209 02	17.932 05	3.145 811	58.713 12
7	0.406 776	21.019 77	17.894 59	3.223 450	57.862 19
8	0.417 050	22.522 51	17.715 73	3.067 620	56.694 14
9	0.418 294	22.456 99	17.666 56	3.060 726	56.815 73
10	0.418 425	22.444 81	17.686 22	3.061 721	56.807 24

从 7-12-1 表可知，中国 RCA 指数只在方差分解的第一阶段受到自身的冲击作用，而马来西亚、泰国、越南的 RCA 指数对中国 RCA 指数的影响在方差分解第二阶段才表现出来，越南贡献值较高为 27.393 70，马来西亚和泰国的贡献值较低，仅为 1.564 528 和 4.097 071。越南 RCA 指数对中国 RCA 指数的贡献值在方差分解的第三阶段上升至 43.693 03，大于中国 RCA 指数自身在该阶段的贡献值。马来西亚 RCA 指数从方差分解的第二阶段开始逐步上升，保持在 15~21。可见在短期内，中国 RCA 指数对自身有较大促进作用，但是从长期来看，中国与马来西亚、越南的旅游服务贸易交流合作所取得的

效果可以超过中国对自身的促进作用。

从 7-12-2 表可知，马来西亚 RCA 指数只在方差分解的第一阶段受到来自中国 RCA 指数的冲击作用较为明显，该阶段贡献值为 64.404 07。马来西亚 RCA 指数对自身的贡献值为 35.595 93。与此同时，泰国和越南的 RCA 指数在方差分解的第一阶段的贡献值为 0。在方差分解的第二阶段，中国 RCA 指数小幅下降，但其贡献值仍然大于其他变量，保持在 42~49。越南 RCA 指数对马来西亚 RCA 指数的贡献值在方差分解的第二阶段上升至 35.159 14，然后在第三阶段开始小幅下降，但其贡献值仍然保持在 35~39。泰国 RCA 指数的贡献值表现为先升后降，并在方差分解的第九阶段达到最大值 1.475 787。总体而言，从对马来西亚 RCA 指数分析来看，它受中国和越南扰动影响较大，其他国家的影响较小，该结果与实际相符。

从 7-12-3 表可知，泰国 RCA 指数在方差分解的第一阶段主要受到中国 RCA 指数冲击的影响，该阶段贡献值为 82.197 52。其次受到马来西亚的冲击和自身的影响，贡献值分别是 5.082 501 和 12.719 98。越南 RCA 指数在方差分解的第一阶段贡献值为 0。在方差分解的第二阶段泰国 RCA 开始下降，从第二阶段开始保持在 5~7。中国 RCA 指数对泰国 RCA 指数的贡献值在方差分解的第二阶段开始下降，从第二阶段开始保持在 36~38，其贡献值仍然大于其他变量。马来西亚 RCA 指数对泰国 RCA 指数的贡献值在方差分解的第二阶段上升至 20.673 07，然后先升后降，并在第五阶段达到最大值 25.459 35。越南 RCA 指数的贡献值在方差分解的第二阶段开始上升，并达到最大值为 36.202 03。这表明在长期均衡作用中，中国、马来西亚和越南对泰国的影响是长期的，中国、马来西亚和越南的贡献度显著大于泰国对自身的贡献度。

从 7-12-4 表可知，越南 RCA 指数在方差分解的第一阶段主要受到自身冲击的影响，该阶段的贡献值为 59.459 89。其次受到中国 RCA 指数和马来西亚 RCA 指数的冲击影响，该阶段的贡献值为 23.333 055 和 15.564 05。与此同时，越南 RCA 指数受到泰国 RCA 指数的冲击非常小，该阶段贡献值仅为 1.643 0093。在方差分解的第二阶段，越南 RCA 指数对自身贡献值小幅上升至最大值 60.800 95，随后逐步下降，从第三阶段开始保持在 56~60，其贡献值仍然大于其他变量。中国 RCA 指数在方差分解的第二阶段贡献值下降为 20.179 19，随后先降后升，从方差分解的第二阶段开始基本保持在 20~23。在方差分解的第二阶段，马来西亚 RCA 指数上升到 17.405 82，随后处于小幅升降的状态，基本保持在 17~19，在方差分解的第二阶段达到最大值 18.350 20。在方差分解的第二阶段，泰国 RCA 指数下降到 1.614 041，随后处于小幅升降的状态，基本保持在 2~4。这表明在长期均衡作用中，中国和马来西亚对越南的影响是长期的，越南对自身的贡献度显著大于中国和马来西亚对越南的贡献度。

从方差分解分析可知，从中国 RCA 指数分析看，自身扰动引起的比重在逐年下降，在第四期以后基本稳定在 40%，而马来西亚的贡献率在逐年递增，在第五期以后基本稳定在 20%。而越南的贡献率在逐年递增，贡献度接近 40%，这表明在长期均衡作用中，越南对中国的影响是长期的，越南的贡献度几乎相当于中国对自身总额的贡献度，这与脉冲响应分析的结果一致。从对马来西亚 RCA 指数分析来看，它受中国和越南扰动影响较大，其他国家的影响较小，该结果与实际相符。从泰国 RCA 指数分析看，自身扰动引起的比重在逐年下降，在第二期以后基本稳定在 6%，中国对泰国的贡献率从第二期以后基本稳定在 30%；而马来西亚对泰国的贡献率从第二期以后基本稳定在 20%；越南对泰国的贡献率从第二期以后基本稳定在 30%；这表明在长期均衡作用中，中国、越南和马来西亚对泰国的影响是长期的。从越南 RCA 指数分析看，由于自身扰动引起的比重基本稳定在 60%，泰国对越南的贡献率基本稳定在 3%；而中国和马来西亚的贡献率一直比较高，贡献度分别达到了 20% 和 18%。这表明在长期均衡作用中，中国、马来西亚对越南的影响是长期的。

第四节 主要结论

本章以 2005—2019 年中国与东盟的马来西亚、泰国和越南的 TC 指数和 RCA 指数为基础,构建了 VAR 模型,运用平稳性检验、协整检验、广义脉冲响应函数和方差预测分析方法,探讨了四者之间的动态响应关系,得到以下结论。

第一,ADF 单位根检验表明:无论是贸易竞争优势指数还是显示性比较指数,在 5% 的水平下显著,然后利用 E-G 两步法研究变量之间的协整关系,结果显示中国—东盟旅游服务贸易竞争力之间具有长期均衡关系,各国旅游服务贸易存在竞争中的长期协同关系。说明随着全球经济一体化发展,中国和东盟各国旅游服务贸易总体保持平稳状态。但是可以看到马来西亚和泰国的旅游服务贸易在近几年中保持着较快的增长趋势。中国的旅游服务贸易由于一些因素,增速放缓,这与当前中国旅游服务贸易的现状事实相符。

第二,VAR 脉冲响应函数结果显示各国的旅游服务贸易竞争力之间的相关性很强,以致单个国家的竞争力对中国的影响并不显著。可以从中国 TC 指数分析看出,中国受自身冲击响应较大,冲击响应为正,在第一期达到最高点 0.04 之后,第二期冲击响应为 0,在第四期达到 0.02 之后有所收缩。马来西亚 TC 指数对中国 TC 指数具有较大的正向冲击,影响的滞后持久与深远性也比较明显,第一期冲击响应为 0,在第五期达到最高点 0.12 之后有所收缩,维持在 0.02~0.06。泰国 TC 指数对中国 TC 指数的影响相对弱一些,在第二期为 -0.01,第三期为 0,第四期为 -0.01 之后维持在 -0.02~-0.01,受泰国冲击的负向影响幅度不超过 -0.02。越南 TC 指数对中国 TC 指数冲击的负响应不容忽视,影响的滞后持久性与深远性明显,冲击幅度由第一期的 0.001 逐渐扩大至第五期的 0.118,此后的影响稳定维持在这一水平。可以从中国 RCA

指数分析看出，中国自身冲击响应在第一、二期为正，从第三期开始冲击响应一直为负，负向影响幅度不超过-0.021。马来西亚RCA指数对中国RCA指数具有微弱负响应，第一期冲击响应为0.01，从第二期开始冲击响应一直为负，维持在0.021~0.1。泰国RCA指数对中国RCA指数具有微弱负响应，第一期冲击响应为0.01，从第二期开始冲击响应一直为负，维持在0.011~0.2。越南RCA指数对中国RCA指数冲击具有正向响应，且影响的滞后持久与深远性明显，冲击幅度在第二期以后一直维持在0.008~0.035。从短期看，无论是贸易竞争优势指数还是显示性比较指数，都显示外国旅游服务贸易竞争力的滞后正相关性很强，且影响比较深远和持久。从各国的旅游服务贸易竞争力对中国的冲击来看，贸易竞争优势指数和显示性比较指数反映了不同特征。

第三，方差分析结果表明。可以从中国TC指数分析看出，由于自身扰动引起的比重在逐年下降，在第五期以后基本稳定在6%，而马来西亚的贡献率在逐年递增，贡献度达到90%。这表明在长期均衡作用中，马来西亚对中国的影响是长期的，马来西亚的贡献度显著大于中国对自身总额的贡献度，这与脉冲响应分析的结果一致。从对马来西亚TC指数分析来看，它受自身扰动影响较大，其他国家的影响较小，该结果与实际相符。从泰国TC指数分析看，由于自身扰动引起的比重在逐年下降，在第四期以后基本稳定在9%，中国对泰国的贡献率在逐年下降，从第四期以后基本稳定在7%；而马来西亚的贡献率在逐年递增，贡献度达到80%。这表明在长期均衡作用中，马来西亚对泰国的影响是长期的，马来西亚的贡献度显著大于中国对泰国和泰国对于自身的贡献度。从越南TC指数分析看，由于自身扰动引起的比重基本稳定在0.04%，中国对越南的贡献率在逐年下降，从第五期以后基本稳定在1.5%~1.8%；而马来西亚的贡献率一直比较高，贡献度达到96%。这表明在长期均衡作用中，马来西亚对越南的影响是长期的，马来西亚的贡献度显著大于中国对越南和越南对自身的贡献度。可以从中国RCA指数分析看出，自身扰动引起的比重在逐年下降，在第四期以后基本稳定在40%，而越南的贡献率从第二期开始递增，贡献度保持在36%~43%。这表明在长期均衡作用中，越南对中国的影响是长期的。从对马来西亚RCA指数分析来看，它受中国和越南扰动影响较大，受泰国的影响较小。从泰国RCA指数分析看，自身扰动引起的比重在逐年下降，在第二期以后基本稳定在5%~6%，中国对泰国的贡献率在逐年下降，从第二期以后基本稳定在36%~37%；而马来西亚的贡献率在逐年递增，贡献度达到了23%~25%；越南对泰国的贡献率从第二期以后基本稳定在31%~36%；这表明在长期均衡作用中，中国、马来西亚对越南和泰国的影响是长期的，中马越三国的贡献度显著大于泰国对自身的贡献度。从越南RCA指数分析看，由于自身扰动引起的比重基本稳定在56%~60%，中国对越南的贡献率基本稳定在18%~23%；而马来西亚的贡献率维持在15%~18%；泰国对越南的贡献率维持在1%~3%。这表明在长期均衡作用中，中国和马来西亚对越南的影响是长期的。从贸易竞争优势指数来看，马来西亚对中国的影响比较大，泰国和越南贸易竞争优势指数对中国具有微弱效应。从短期来看，我国与马来西亚旅游贸易存在显著的竞争关系，与越南具有协同提升作用，与泰国相比中国的竞争优势不够明显。

第五节 本章小结

本章选取2005—2019年中国、泰国、马来西亚和越南的旅游服务贸易相关数据，基于VAR模型进行广义脉冲响应和预测方差分解分析，反复验证和揭示各国旅游服务贸易之间的动态变化关系。研究结果表明中国—东盟旅游服务贸易竞争力之间具有长期均衡关系，从短期来看我国与马来西亚旅游贸易存在显著的竞争关系，与越南具有协同提升作用，与泰国相比中国的竞争优势不够明显。在TC指数方面，中国旅游服务贸易国际竞争力趋势正在不断下降。泰国旅游服务贸易竞争力优势正在快速上升。在RCA指数方面，中国旅游服务贸易国际竞争力较强，而泰国的旅游服务贸易竞争力很强。泰国旅游服务贸易竞争优势比较突出，在东盟各国中具有较强的竞争优势。旅游业是泰国第二大收入来源，对泰国经济的发展至关重要。泰国旅游业迅速发展的主要原因包括丰富的自然和人文资源禀赋，重视市场需求并开发新产品和推出新服务，政府出台支持政策、市场管理体制完善和措施规范。旅游业已经成为马来西亚经济的重要支柱产业，2020 年 12 月马来西亚启动重振旅游业十年计划，马来西亚政府将相关政策聚焦提升马来西亚旅游服务贸易竞争力，鼓励发展可持续和包容性旅游。马来西亚将继续关注并瞄准中国、泰国和越南这几个主要客源地，积极推出教育旅游、生态旅游和医疗旅游等特色旅游，吸引更多的外国游客。根据越南文化体育观光部最近发表的《2021—2030 旅游系统规划及 2045 年远景》报告，越南旅游业收入主要来自国际市场，通过广泛征集各个企业意见，调整旅游市场结构，重视发展人力资源和打造品牌系统。越南将努力提升国际形象，大幅增加国际游客量和旅游营业收入。

第八章

中国—东盟旅游服务贸易格局特点和协同发展对策建议

通过前述章节分析可知，当前东盟各国旅游服务贸易水平高低不一，中国与东盟各国旅游服务贸易联系密切，相互影响。本章在前文分析研究的基础上，分析中国—东盟旅游服务贸易格局与协同竞争效应，以此提出推进中国—东盟旅游服务贸易协同发展的对策。

第一节 中国—东盟旅游服务贸易发展中的格局特点

一、中国和东盟各国家之间的旅游服务贸易联系不够紧密，仍有较大提升空间

通过前文对中国—东盟旅游服务贸易网络的测度和分析结果可以得出，经过近年东盟自由服务贸易区相关红利政策的实施，中国和东盟各国之间的

旅游服务贸易建立了相互关系,并逐渐联系紧密,但是总体旅游服务贸易联系的紧密度仍然有较大的提升空间。整个网络中既有处于核心地位的国家,也有处于边缘劣势地位的国家,"核心—边缘"结构特征明显。国家之间的地位距离和经济发展水平是影响中国—东盟旅游服务贸易网络的主要因素。地理位置越接近,人均 GDP 越高的国家相互之间的旅游服务贸易联系更为紧密。

通过前文结果可以看出,中国、泰国、新加坡和马来西亚四个国家的旅游服务贸易发展水平较高,在整个贸易网络中发挥着核心作用,而老挝、缅甸、印度尼西亚、柬埔寨、文莱等国家旅游服务贸易水平较低,与其他国家旅游服务贸易往来较少,在贸易网络中处于边缘位置。造成这一结果的主要原因在于:一方面,各国的经济水平、旅游资源禀赋、地理位置、文化背景等存在差异性,这些基本条件在一定程度上影响了本国旅游服务贸易的水平;另一方面,中国和东盟各国也是在近十年得益于东盟自贸区的建立才开始加深彼此之间的合作和交流,起步时间较晚,整个过程中既有机遇也有挑战,各国相互之间,需要理解和磨合。近期全球经济增速放缓,国际贸易低迷,中国和东盟各国旅游服务贸易合作受到不同程度影响,各国之间的旅游服务贸易进入良性竞争和协同合作还需要一定的时间。

二、中国旅游服务贸易竞争力有所下降,亟须提升以巩固旅游大国地位

近年来中国旅游服务贸易飞速发展,从 2000 年占世界旅游服务贸易的 3% 至 2019 年达到 10% 以上,中国旅游服务贸易占世界旅游服务贸易的份额在逐渐上升,中国已经成为世界主要旅游贸易大国。中国旅游服务贸易规模总体比较大,但是在国际上其旅游服务贸易竞争力还是比较弱的。在东盟自贸区内,中国的 MS 指数自 2014 年开始逐年下降;TC 指数自 2014 年开

始逐渐接近 -1，中国旅游服务贸易只具有相对微弱的出口竞争力，在国际竞争力上不具备竞争优势；RCA 指数（显示性比较优势指数）小于 1，介于 0.2~0.7，只具有中度国际竞争力；MI 指数从 2008 年开始为负数，中国旅游服务贸易在国际竞争中处于比较劣势的地位。中国旅游服务贸易是中国出口创汇的重要来源，总体而言，中国的旅游服务贸易额在逐年提高，但是从各项指数比较来看，长期处于逆差状态，旅游服务贸易竞争优势不断缩小，劣势在不断扩大。中国是旅游大国并不是旅游强国。主要原因在于国际吸引力不强，国际调配力不足，缺乏世界著名旅游品牌和国际旅游枢纽，国际游客人均消费较低，旅游产品缺乏价格优势等。我们只有补短板，增强自身实力，才能在国际旅游竞争中占尽先机。

三、泰马新三国旅游服务贸易保持较快增长趋势，呈现向好势头

泰国的海洋资源和佛教文化旅游资源极具吸引力。旅游业是该国经济增长的主要支柱，无论是入境旅游人数还是入境旅游收入都呈现快速增长的趋势，具有较强的国际旅游竞争力。马来西亚的海岛风光、宗教文化和特色美食吸引了众多入境旅游者，旅游业成为马来西亚的第三大经济支柱。由于政局稳定和政府重视，马来西亚的旅游业自 2005 年开始发展，在东盟十国中其旅游竞争力仅次于泰国，国际竞争力较强。旅游业是新加坡经济支柱产业，主打会展旅游、医疗旅游和教育旅游。基于雄厚的经济基础和先进的科技手段，新加坡综合服务能力强，塑造了良好的旅游品牌，吸引了大量入境旅游者，国际旅游竞争力强。

四、越印菲柬老缅文七国旅游服务贸易发展落后，亟待合作协同推进旅游业

越南自然和文化资源丰富，旅游业近年发展较快，但是总体而言经济总量不大，入境客源市场主要还是中、日、韩、美、俄和东盟部分国家，较少欧洲客人前往，旅游接待设施设备和旅游景区服务接待水平还有待进一步提升。印度尼西亚的旅游业是该国的经济新支柱，岛屿、火山和湖泊等自然风景吸引着各国旅游者。目前旅游经济处于平稳缓慢发展状态，具备较大的发展潜力，其旅游竞争力在东盟十国中居中，有一定的国际旅游竞争力。菲律宾以自然风光和海岛度假产品作为主要的旅游新吸引力，旅游经济增速自2007年后急速下降，虽然2010年后有所上扬，但是整体增速放缓，旅游竞争力在东盟各国中排名居中。柬埔寨的旅游业是该国经济支柱之一，热带雨林风光和吴哥窟等景点是其最具吸引力的旅游资源，自2010年开始旅游入境人数和旅游收入都有了较快的增长，国际旅游竞争力在东盟国家中仅高于缅甸，整体较弱。缅甸完整的自然资源和独特的文化资源是该国主要的旅游吸引力，但旅游基础设施差、民族冲突、传染病和毒品等问题制约了缅甸旅游业的发展。但是自2011年以后，缅甸新政府成立并出台了相关政策鼓励和推动发展入境旅游，旅游业发展取得初步成效，显现出较大的潜力，当前旅游国际竞争力还是比较弱的。老挝以自然风光和独特的民俗文化作为主要旅游吸引力，但是因为经济基础薄弱旅游业实力弱，发展缓慢，国际旅游竞争力弱，有待提升。文莱的旅游业是该国新的经济支柱，伊斯兰风情和民俗文化是该国最有吸引力的旅游资源，入境旅游人数波动大，整体呈缓慢增长趋势，国际旅游竞争力较弱，有待提升。

第二节 中国—东盟旅游服务贸易协同发展对策

2013年9月和10月中国国家主席习近平分别提出建设"新丝绸之路经济带"和"21世纪海上丝绸之路"的合作倡议。东盟是我国重要的投资与贸易伙伴，在我国"一带一路"倡议中居于沟通东西、连接南北的枢纽地位。然而我国对东盟的直接投资无论在规模还是在层次上都无法满足"一带一路"建设。随着经济全球化的发展，中国在东盟旅游服务贸易中的核心地位得到了快速提升，但是这也对相关国家的利益产生了冲击，贸易摩擦数量大幅增加。中国既要遵守国际贸易的相关规则，也要积极推动多元化和多层次的贸易体系，借助地缘优势和政治互信的良好关系，推动东盟自贸区内各国的旅游经济切实合作，摆脱发达国家的制衡。中国既要注重旅游产业升级改造吸引外资，也要注重培育民族企业跨国经营实施全球一体化经营战略，发挥自身在旅游服务贸易体系中的桥梁和中介作用，逐步提升中国在旅游服务贸易中的竞争力。

一、中国—东盟自由贸易区层面

（一）积极推动自由贸易区建设

中国—东盟自由贸易区的建立可以有效降低旅游服务贸易的隐性跨境成本，提高旅游服务贸易的贸易效率。中国呼吁东盟各国设置灵活的市场管理机制，逐步消除贸易壁垒，降低服务贸易知识型领域的准入门槛，提供更好的营商环境。中国应该积极参与区域经济一体化进程，推动甚至主导自由贸易区的建设，降低中国与东盟各国在旅游服务贸易中出现的诸如贸易壁垒、政策限制等负面影响，才能促使中国和东盟各国的旅游服务贸易在发展过程中获得收益。

（二）推进健康有序发展的旅游服务贸易关系

适当增加核心国家和支撑节点国家的实力，稳固中国—东盟旅游服务贸易网络的向心力和凝聚力。在整个中国—东盟旅游服务贸易网络中处于核心位置的国家，有责任发挥枢纽作用，积极推动中国—东盟各国之间的旅游服务贸易合作，进一步提升区域旅游服务贸易网络联系程度。中国、泰国、新加坡和马来西亚四个国家作为核心位置的国家，应该提高国家之间的协作能力，共同发挥作为网络主要节点国家旅游资源优势和旅游经济作用，加强国家间的旅游经济互动，对处于贸易网络边缘的国家发挥引导作用；中国、泰国、新加坡和马来西亚四个国家对处于边缘位置的国家共同提供精准帮助，引导旅游服务贸易落后的国家发挥自身特色旅游资源，提高其在贸易网络中的参与度。进一步加强中国—东盟各国之间旅游服务贸易互动，加大双边或者多边往来，力争获得多赢局面。各国可以通过国家间的交通建设，缩短地理距离，如开通直飞航班，除了增加国际定期航线，还可以推进旅行社与航司合作的包机业务，还可尽早启动国家间的高铁建设，减少地理距离因素的影响。对于经济距离，旅游服务贸易出口额会随着人均 GDP 的增长而上升。中国、泰国、新加坡、马来西亚等旅游产业较发达的国家应发挥在自贸区旅游贸易合作中的领头作用，通过加强本国与经济发展较落后的国家的经贸合作，主动对接处于网络边缘的邻近国家进行旅游要素互动，促进旅游经济联系更加紧密，实现核心位置的国家和边缘位置国家的协同发展，建构合适的合作网络空间。可以期待，随着中国和东盟各国旅游服务贸易健康有序协同发展，中国—东盟旅游服务贸易资源互补和经济合作共赢的美好愿景最终将实现。

（三）共筑中国—东盟旅游共同体

在 RECP 合作机制下，跨境旅游市场中的夜间旅游、自驾游、旅游装备制造等细分市场将获得更多机会分享红利。充分利用中国、马来西亚、泰国等重要节点国家的区位优势和旅游资源禀赋，特别是发挥中国作为中国—东盟旅游服务贸易合作发展的"排头兵"作用，将中国、马来西亚、泰国等重要节点国家打造成东盟自贸区的旅游核心区。中国通过北部湾经济区构建环北部湾旅游带，主动加强与泰国、越南、老挝、缅甸等邻近东盟国家旅游合作与交流；加快海南岛国际旅游岛建设，开发邮轮旅游、深海探秘等新业态旅游产品，与马来西亚、新加坡、菲律宾和印度尼西亚等东盟岛国合作，加强在邮轮航线、海岛资源共享、海滩度假区共建等方面的深度融合，共同建设东盟滨海风情旅游带。充分利用南宁、北海、湛江、广州、深圳国际航空港、陆港和海港的交通优势，尝试开展跨境旅游服务贸易试点。发挥昆明、南宁、三亚等民族文化和人文旅游资源优势，形成面向东盟国家的旅游交流和互动集散旅游中心。鼓励中国国内旅行社、酒店、景区等旅游企业"走进"东盟国家，发挥地缘优势和文化同根同源的亲缘优势，打造"思乡念乡回乡"精品旅游产品，吸引东盟国家华侨华人和对中华文明感兴趣的外国游客。菲律宾、缅甸、老挝等旅游发展水平较低的国家，应当注重对自身旅游资源的挖掘和打造，设计独特的旅游精品，提高服务水平，加强与核心节点国家的联系，提高整体旅游吸引力。开发设计中国—东盟旅游精品线路，以点带面，连线成片，促成区域合作，形成中国和东盟各国大旅游圈。

二、中国和东盟各国政府层面

（一）构建中国和东盟各国互动与贸易稳定机制

中国与东盟合作的"新10+1"成为未来具体的合作方向。"10"是指10项内容：政治与安全、经济合作、社会人文、互联互通、智慧城市、可持续发展、东盟一体化倡议与缩小发展差距、东亚合作、次区域合作、跨区域及联合国事务合作。"1"是指落实安排与监督。由于各国旅游服务贸易及多边协调机制发展困难不断涌现，提升贸易便利化水平是一项重点推进的工作。RECP签署后，区域内各国人员流动更自由，出国旅游更加方便快捷。RECP15个成员国之间可能会像欧盟一样，持有某一个国家的护照就可以在15个国家之间免签旅游。推进中国和东盟各国实现搭建口岸管理信息互换、监管互认和执法互助的工作平台，提高通关便捷性和效率性，规范和缩短通关时间，优化通关服务。中国要和东盟各国立足长远，支持多边贸易体制，需要加强各国在规则层面的沟通，建立多边协商平台，实现对WTO政策的审议、谈判和解决争端等功能，才能解决问题，推动中国和东盟各国旅游服务贸易协调发展。期待中国政府为中国旅游企业"走向"东盟国家进行政策指引，提供风险咨询和评估报告，帮助企业在风险可防可控的地区进行投资和开展合作，帮助旅游企业解决境外投资和建设的方向困难，在融资、保险、信用、维权等方面提供服务支持，为中国旅游企业在东盟国家"生根发芽"保驾护航。健全东盟自贸区旅游合作一体化机制，以部长级会议为主推力，东盟旅游业协会积极协助，出台东盟各国旅游合作的旅游利益分享机制、人才共享机制、技术创新研发机制、管理合作机制、联合营销机制以及合作保障机制，为自贸区内各国开展旅游合作提供有力保障。

（二）提升中国和东盟各国的旅游服务贸易参与能力

目前旅游服务贸易发展仍然存在失衡现象，经济欠发达国家参与旅游服务贸易的机会比较少。中国提出的"一带一路"倡议秉承共商、共享、共建原则，通过进行政策沟通、设施联通、贸易畅通、资金融通、民心相通等内容，建设政治互信、经济融合、文化包容的利益共同体、命运共同体和责任共同体，使得东盟各国获得良好的契机，参与全球旅游服务贸易的发展。中国和东盟各国只有通过提升技术水平，培育自身创新能力，深入融入全球旅游产业链，才能为本国参与国际旅游服务贸易创造机会。创造良好的政治环境，维护友好国际关系，依托"一带一路"合作倡议的平台，与沿线及东盟各国建立长期稳定的经贸合作关系，积极塑造和宣传"友好中国""亲善大国"等国家旅游形象，为开展国际旅游市场，寻找入境旅游新增长点，为双边旅游服务贸易活动的有序开展营造正面影响的良好氛围。通过大力实施旅游服务贸易多元化，注重扩大旅游服务贸易关系。中国作为"一带一路"倡议发起国，要充分发挥大国的优势与责任担当，充分利用中国和东盟贸易伙伴之间的地缘优势、共同语言等有利条件，构建"一带一路"合作伙伴互动和贸易稳定机制，积极拓展与东盟各国特别是经济欠发达国家的旅游服务贸易关系，把成熟的经验和先进的技术通过旅游服务贸易分享给这些国家，为处于旅游服务贸易相对落后的国家更好地融入中国—东盟旅游服务贸易提供机会，强化中国和东盟各国之间的旅游贸易联系，促进区域旅游服务贸易协调发展。

（三）拓宽筹集资金渠道，加大投资力度

中国和东盟各国的旅游服务贸易发展不均衡，原因包括服务贸易协议的开发程度不同、旅游禀赋差异、政府投资力度较小等。要解决这些问题，必须加大对旅游服务贸易的投资力度。加快推动区域金融体制机制研究，完善

跨境外币结算、存款、贷款、结算利息等金融业务，助推投资高效合理。协商制定跨境招商引资和融资的机制体制，出台红利政策增强投资者信心。除了传统的政府投资之外，多渠道拓展资金来源，要积极引入社会资本，特别是世界金融机构的大力支持。根据不同国家的旅游资源禀赋、当地经营管理水平，充分考虑独资、合资和并购等投资方式，借助"一带一路"机遇，充分利用好亚洲基础设施投资银行（Asian Infrastructure Investment Bank，AIIB）的资金。这将有效缓解中国和东盟各国在旅游服务贸易发展过程中遇到的交通设施建设、旅游设施设备购置等资金短缺的突出问题，加强在旅游交通、旅游接待设施和数字经济的基础设施建设，促进中国—东盟"互联互通"，改善区域发展不平衡的状况。鼓励珠江三角洲企业在东盟国家特别是老挝、柬埔寨、缅甸等旅游启动资金紧缺的国家进行投资，加深与泰国、马来西亚、新加坡等旅游业较发达的国家在客源互动、产品互推、资源信息共通共享的合作。一个国家综合国力和产业国际竞争力的重要体现之一是吸引外资的能力。中国应积极创造良好的投资环境，吸引外资注入中国旅游企业，进而带动国内更多的进出口总额，出口的增长也会带来更多外资注入，然后形成良性循环。加大对旅游企业投资力度，加快设立旅游产业基金，协调解决旅游投资不足的问题，在旅游行业探索PPP（公共私营合作）建设，推进与"一带一路"相关的旅游重大项目建设。一方面，加大财政支持力度；另一方面，鼓励社会资金投资旅游和相关企业的发展建设，特别是促进民宿、公共交通、国际航线、旅游专线等资源的整合与配置。

三、中国和东盟各国旅游行业企业层面

（一）着力提高基础设施建设，改善旅游合作环境

旅游服务贸易发展水平低的国家大多受制于基础设施薄弱，导致接待能

力受限，旅游产业难以做大做强。如果想要进一步发展壮大旅游业，必须积极寻找投资，合理规划，提高本国基础设施水平和接待能力，降低旅游者出行成本，提升旅游基础设施对旅游目的地接待能力和旅游产业发展的乘数效应。引导资金投资落后地区的餐饮住宿，提高带动旅游接待能力。组织编制东盟一体化交通体系规划，有效配置旅游基础设施，推动入境口岸的航运发展，拓展海运新航线；推动规划铁路网建设，尽快实现泛亚铁路和南新铁路（南宁—新加坡）施工和建成通车；完善公路往来，建设东盟各国的公路旅游大通道，为旅游者开展自助游和自驾游优化出游交通条件。通力协作，落实保护措施，促进旅游资源可持续发展。特别要帮助旅游业发展落后的国家提升旅游资源保护意识，避免开发枯竭、保护不力的局面，区域内各国形成"保护型"开发的国际共识。

（二）引导旅游服务贸易的价值链向高端延伸

加大科技资源和人力资源的投入，提升旅游企业的科研水平。支持旅游企业研发设计和建设品牌，整合渠道资源，设立海外营销中心，扶持和培养一批具有国际影响力的旅游企业和明星旅游产品。加强旅游目的地国家旅游形象营销，打响本国的国际知名度，提升旅游竞争力。提升科技创新，深化数字经济合作。中国要和东盟各国携手合作，抓住新一轮科技革命和产业变革机遇，发挥互补优势，聚焦合作共赢，在智慧城市、5G、人工智能、电子商务、大数据、区块链、远程医疗等领域打造更多新的合作亮点，加强数据安全保护和政策沟通协调，为双方经济社会发展培育更多新动能。中国应与东盟各国一起建设中国—东盟旅游信息港，推动数字互联互通，打造"数字旅游丝绸之路"，大力推动数字贸易，抢占旅游服务贸易价值链的高端。

（三）借助数字经济打造旅游发展新模式

RECP的签署将进一步推动文化和旅游的数字化传播。受新冠疫情影响，

第八章 中国—东盟旅游服务贸易格局特点和协同发展对策建议

如今游客们更倾向使用网络平台进行信息查询和产品交易购买。中国和东盟各国之间存在着不同的地理距离，这是客观上无法改变的事实。然而，借助5G、物联网、人工智能等数字经济的合作，通过建成智慧旅游服务与信息共享云平台，可以推进各国旅游企业"云合作""云分享""云统计"。通过"云旅游"的方式对各国进行旅游产品宣传和营销，通过开展直播下单和直购优惠的政策，实现跨境旅游消费"云订单"落地。以此为契机拓展发展空间，延伸产品链条，实现中国—东盟旅游服务互帮互助、合作洽谈、宣传推广，进而促进中国—东盟旅游服务贸易发展。通过建成中国—东盟旅游网络安全平台，开展包括跨境网络安全事件响应信息共享、网络安全交流培训、网络安全攻防演练等业务，共同构建和谐、开放、包容的网络旅游安全空间。

四、中国提升自身竞争力，实现与东盟各国在更高层次上的合作

（一）发挥旅游资源核心竞争力，提高旅游服务质量

根据世界经济论坛发布的《2019年旅游竞争力报告》(The Travel & Tourism Competitiveness Report 2019)显示，中国在全球旅游业竞争力综合排名第十三，较2017年上升两位。其中，在人文旅游资源和商务旅行方面，中国获得了满分7分，文化和娱乐数字需求排名第一，拥有众多体育场馆排名第二，令人印象深刻的联合国教科文组织认可的遗产排名第三。可见中国的自然和文化资源具有突出的优势，这些都反映了中国在国际旅游市场上极具竞争潜力。我们应该合理整合我国的自然资源、历史与文化资源，发挥顶级旅游资源禀赋优势，使其成为国际旅游市场上独特且具有垄断性的旅游产品。旅游者体验满意度很大程度上来源于服务质量的高低，中国旅游企业需要进一步出台行业认可的服务规范与标准，健全旅游服务质量监管体系，提供"标准化＋个性化＋精细化＋惊喜化"的高质量服务，才能与中国优势旅游资

源相互匹配，最终成为扩大入境旅游市场的"双引擎"。

（二）发挥旅游和相关产业的集群效应，做大做强服务业

旅游服务贸易对国家经济和社会发展发挥着重要作用，它与相关产业的乘数联动效应将促进中国经济高质量发展。中国的旅行社规模小，数量多，没有形成一股力量开拓旅游市场。如果能形成旅游企业集团，通过雄厚的资金实力和强大的运营能力，在境外设立旅游企业吸收客源，打造中国品牌，提高国际知名度，才能吸引更多的外国旅游消费者。同时，旅游业需要包括交通、金融、互联网等相关产业的支持，这些产业尚未形成健康完善的流动网络，未来将需要发挥产业间的群体优势，助推旅游业和相关产业融合发展。推进构建全产业链战略布局，鼓励企业以旅游作为主要经营业务的同时积极拓展辅助业务，企业内部建立信息与风险分析部门，实现企业业务多样化和丰富化，分散经营风险，提高企业的抗压能力。

（三）实施旅游要素出口政策，鼓励旅游生产要素的国际流动

在当今国际贸易发展进程中，生产要素的国际流动尤为显著。中国在旅游服务贸易发展过程中要制定积极的旅游要素引进政策，吸引国外优秀的旅游人才、先进的管理和技术、丰厚的资金进入中国，帮助中国提高旅游产品开发和旅游服务的整体水平。与此同时，中国也要实施旅游要素出口政策，本国旅游企业和旅游人才通过"走出去"，输出资本和智库，参与国际旅游市场的检验和竞争，才有利于进一步提高中国旅游服务贸易国际竞争力，占领国际市场。

（四）完善互联网、交通等基础建设，提供便捷丰富的旅游服务

中国的互联网、交通等基础建设正在逐渐缩短与发达国家的差距，但是仍需要提高完善的速度。新鲜刺激的旅游内容和安全快速的交通工具将大大

促进旅游质量的提升，进而促使旅游产业成熟，成为最精致和最有价值的产业。

（五）建立有效的海外推广系统，提高入境旅游的人数和收入

中国源远流长的历史和神秘的少数民族文化，是吸引外国游客的最大亮点。但是由于中国东西部地区旅游发展不平衡，西部独具特色的自然旅游资源和民俗文化还没有得到合理的开发和利用。借助全域旅游发展的契机，重点挖掘最具民族特色的旅游资源，西部省区间联动宣传，以区域优势来提升旅游品牌的知名度。通过政府在国际上进行中国旅游形象宣传和推广，根据客源国的旅游诉求制定相应的宣传计划，将吸引更多的海外游客到中国参观游览。中国旅游企业积极促进国际旅游交易会，把握营销机会，主动开拓海外客源市场。

（六）打造个性化产品，满足消费者不同层次的需求

旅行社推出的产品满足多元化需求，高端定制游、小团体自助游、品质体验游等产品越来越受旅游消费者青睐。鼓励旅行社推进"门店+互联网"的经营模式，在特色、服务、价格上进行差异化竞争。时下的旅游者除了选择传统的星级酒店，还对民宿、沙发客、酒店公寓、分时度假别墅、短租房等表现出极大的兴趣。国内的旅游住宿接待企业，除了继续完善传统的酒店客房，还要投入精力去开发经营更具个性的住宿场所，满足旅游者不同的消费需求。收集分析国内外旅游者对跨境旅游的需求，提前研判和规划旅游服务贸易业态的创新方向。学习借鉴泰国、印度尼西亚等国家的成本控制经验，打造更多质优价廉的旅游产品。加快高新技术产业与旅游产业融合，提升旅游吸引力、体验度和游客满意度。应用人工智能、大数据、云计算等新技术，推动旅游企业数字化转型，有效降低成本，提高旅游便利度。

（七）培育符合现代旅游业需求的中高级旅游人才

目前国内培养出来的旅游人才仍然是理论知识丰富而实践技能欠缺的类型居多，如何实现毕业生与就业岗位无缝接轨，满足旅游行业现实人才的需求，是国内旅游院校迫切需要解决的难题。随着旅游行业的规范化发展，未来的旅游人才主要是资本密集型和技术密集型人才，需要具有创新思维和专业技能的高端管理和技术人才。除了集中于旅游产品设计和营销、旅游企业服务与管理等领域的人才培养，还要加强对旅游监督执法、数字化运营等人才的培养。一方面，高校要积极向美国、澳大利亚等先进国家的职业教育学习，注重培养学生分析解决问题的能力和中高层管理能力。另一方面，引入行业企业力量，实行校企共育人才的模式，培养供需对口的综合性旅游人才。

（八）采取更加开放的政策措施促进入境旅游发展

中国在遵循旅游服务贸易国际规则的基础上，实施积极的入境旅游政策，通过制定相关的入境旅游法规、制度和措施，大力发展入境旅游，不仅能够增加外汇收入，平衡国际收支，还能够增强旅游服务贸易的出口能力，促进经济发展。针对主要客源市场或地区开放不同的入境旅游范围，实行不同的签证规定和差别关税税率。对于积极组织客源进行中国入境游的外国旅游经营者给予差别优惠待遇。

（九）妥善处理中国与东盟各国国家之间的旅游贸易竞争与互补

东盟区域经济一体化发展迅速，已经成为世界经济中最具发展潜力的地区，中国与东盟相邻，彼此联系紧密，互动共荣，继续改善双边贸易政策的协调关系，有助于促进中国与东盟的旅游贸易合作。中国要主动消除"中国威胁论"的影响，坚持以"增信释疑"为主线，积极宣传"中国友好"的大国形象，以"睦邻、安邻、富邻"的新思维主动参与到由东盟国家主导的多边合作机制中。当前中国和东盟各国都面临着经济结构调整的挑战，只有增强相互间的信任，推动包括旅游、金融等在内的多边合作顺利开展，才能共同促进中国和东盟的务实合作迈向更高水平。中国与东盟的旅游贸易合作在发展的模式方面十分相似，在市场需求方面存在一定的重叠效应。中国应当主动提升旅游产业的技术创新能力，通过管理创新、产品创新和技术创新，推行市场多元化与产品多元化策略，采取差异化方式减少与东盟国家的竞争程度，与东盟国家形成旅游产业协调发展格局。

中国和东盟各国具有独特的旅游资源禀赋，只有相互加强交流与合作，才能实现旅游经济联动效应。中国要提升自身的旅游服务贸易国际竞争力，才能在中国与东盟旅游经济往来中体现大国本色，积极引领东盟各国共同发展。在 RCEP 协定生效实施之际，中国与东盟各国携手扩大开放交流，共同激发创新活力，促进互利合作，中国与东盟旅游服务贸易合作将进一步协调发展。

第九章
研究结论与展望

第一节 研究结论

中国和东盟各国作为新崛起的旅游主力军,积极促进区域内各国旅游服务贸易发展,将加深世界旅游服务贸易竞争力格局变化。本文把中国—东盟旅游服务贸易发展格局和空间网络格局以及协同竞争效应作为研究主题,运用核心—边缘理论、服务贸易理论、协同理论等相关理论,运用社会网络分析方法对中国—东盟旅游服务贸易网络格局及影响因素进行分析,对比评价中国与东盟各国的旅游服务贸易竞争力水平,找出影响旅游服务贸易竞争力的重要因素,分析中国—东盟旅游服务贸易的协同竞争效应,并提出对策建议。如前文分析,本研究得出如下结论:

第一,中国和东盟各国旅游服务贸易发展迅速。中国和东盟各国在世界旅游服务贸易中所占的比例逐年增加,已经成为推动世界旅游经济发展的主要力量。由于各个贸易政策起步时间不同,东盟地区国家的旅游服务贸易发展存在着明显的差距。泰国、新加坡、马来西亚、柬埔寨和菲律宾五个国家的旅游服务贸易发展较发达。越南、老挝、印度尼西亚、文莱和缅甸五个国家旅游贸易发展起步晚,目前处于较落后的状态。总体而言,虽然部分国家旅游服务贸易起步较晚,但是东盟各国旅游服务贸易呈现积极发展的趋势。在经济全球化的带动下,中国服务贸易和旅游服务贸易快速增长,规模一直处于全球前列,但是长期处于贸易逆差的状况,国际竞争力较弱。

第二,中国—东盟旅游服务贸易网络中节点层次分化严重,核心—边缘结构明显。通过前文对中国—东盟旅游服务贸易网络的测度和分析结果可以得出,中国和东盟各国之间的旅游服务贸易建立了相互关系,并逐渐紧密联系,但是总体旅游服务贸易联系的紧密度仍然有较大的提升空间。东盟各国旅游服务贸易发展不平衡,中国、马来西亚、新加坡和泰国在旅游服务贸易网络中地位显著,但是由于中国—东盟旅游服务贸易面临诸多离心力,老挝、缅甸、文莱等国家在网络中有被边缘化的危险。当前中国—东盟旅游服务贸易发展除了受制于地理距离,国家的经济发展距离也是重要的决定因素。

第三,中国和东盟主要国家旅游服务贸易竞争激烈,中国竞争力有所下降。通过 MS 指数、TC 指数、RCA 指数、RSCA 指数、MI 指数五个指数测评中国和东盟各国旅游服务贸易竞争力,结果表明泰国无论是在市场占有率还是 RCA 指数方面都是排名靠前,表现出强劲的旅游服务贸易竞争力;中国旅游服务贸易竞争力正在逐步变弱,比较优势正在逐渐缩小,整体竞争力在国际上处于中等偏低的地位;马来西亚表现出较强的竞争力,印度尼西亚和越南的旅游服务贸易竞争力正在逐渐提升。通过比较中国和东盟各国旅游业在生产要素,国内需求,相关及支持产业,企业组织、战略结构与同业竞争,机遇与政府几个方面的情况,可以看到在生产要素方面中国的自然和文化资源非常丰富,新加坡的人力资源综合竞争力最强;新加坡的人均 GDP 最高,远远高于中国和东盟其他国家;中国的航空客运量远远大于东盟十个国家之和,具有比较显著的优势;各国行业协会在本国旅游业发展过程中发挥着积极的作用,各国旅游企业普遍规模不大,经济效益有待提高;旅游业是大部分东盟国家的主要支柱产业,东盟各国虽然旅游发展水平差异较大,但是非常重视区域旅游发展。

第四，中国和东盟主要国家旅游服务贸易竞争力存在着竞争中的长期协同关系。无论是 TC 指数还是 RCA 指数，都显示中国和泰国、马来西亚、越南等主要东盟国家的旅游服务贸易竞争力之间存在着长期均衡关系，表明中国和东盟各国存在着竞争中的长期协同关系。由于各国的旅游服务贸易之间都有相关性，单个国家对中国的影响力并不显著。从短期来看我国与马来西亚旅游贸易存在显著的竞争关系，与越南具有协同提升作用，与泰国相比，中国的竞争优势不够明显。中国和东盟各国彼此联系紧密，互动共荣，各国间只有携手扩大开放交流，共同激发创新活力，积极合作，才能实现中国和东盟各国旅游服务贸易进一步协调发展。

第二节　研究展望

本书在对国内外相关研究及中国和东盟各国旅游服务贸易现状分析的基础上，运用社会网络分析方法对中国和东盟各国旅游服务贸易网络格局进行测度，并研究其影响因素。通过对中国和东盟各国旅游服务贸易竞争力进行对比，分析主要国家之间的协同竞争效应。本书所得结论对中国和东盟各国旅游服务贸易协同发展有一定的参考价值。但是由于东盟自贸区内各国情况复杂，旅游服务贸易涉及各个产业和众多企业，因此有关旅游服务贸易的部分相关问题仍未能进行研究，这也为今后进一步拓展研究提供了思路。

一、中国和东盟各国旅游服务贸易网络演化和预测

我们利用社会网络分析方法构建了中国—东盟旅游服务贸易网络，尝试将网络分析方法运用到旅游服务贸易的研究，但是也存在着需要改进的地方。

首先，世界旅游组织部分国家的数据缺失或滞后，无法对其旅游服务贸易的发展状况进行及时分析。其次，由于统计口径问题，不同数据库之间的统计指标口径差异较大，因统计口径差异和数据非完整性问题，所使用的数据与各个国家自身掌握的数据存在一定偏差，这为旅游服务贸易网络更深入地分析设置了障碍。最后，基于网络结构特征的研究尚不能完全解释网络演变的现象，未能建立网络演化的数学模型，进而推演网络形成的路径和预测未来走向，未来这方面的研究有待加强。

二、中国—东盟国家旅游服务贸易空间溢出效应

通过运用计量学的方法，借助空间计量模型，分析中国和东盟各国旅游服务贸易的空间分布特征，对中国—东盟旅游服务贸易的经济效应进行时间和空间上的对比分析，找出时空演变规律。对充分发挥旅游服务贸易对本国经济的拉动作用，实现旅游业与经济、社会、环境等综合协调发展提出对策建议。

三、新冠疫情背景下中国和东盟旅游服务贸易格局的研究思考

2020年伊始，全世界旅游业遇到了前所未有的危机。本书的研究数据均未涉及近三年的中国东盟旅游服务贸易数据。众所周知，旅游业是中国和东盟各国经济增长的关键驱动因素，疫情期间，绝大多数国家为遏止疫情扩散纷纷关闭国际边境，庞大的游客出境旅游市场也随之萎缩。2020年，泰国旅游部门曾表示，已经没有中国旅游团到泰国。正常情况下，中国游客约占泰国境外外籍游客的1/4，但疫情后人数减少了八九成。疫情的暴发，使泰国旅游业损失500亿美元。2020年柬埔寨国际旅游接待量同比减少了80.2%，这导致该国旅游营业收入萎缩79.2%。越南也不例外，据越南统计总局的统计

数据显示，2020年，越南接待国际游客量同比下降79.5%，国内游客量同比下降34.1%，旅游营业收入下降58.7%。疫情下各国采取的严格限制人员跨境流动的措施严重影响了世界范围内旅行服务进出口。2020年1月到8月，我国旅游服务进出口7248.9亿元，同比下降45.8%。可以说，近三年我国的旅游服务贸易发展完全中断，也没有任何数据提供。因此，有关疫情背景下以及后疫情时代的中国—东盟旅游服务贸易需要特别关注和后续研究。

参考文献

［1］程大中.国际服务贸易学［M］.上海：复旦大学出版社，2007.

［2］张为付.国际直接投资（FDI）比较研究［M］.北京：人民出版社，2008.

［3］张国胜，王海文.中外旅游服务贸易国际竞争力比较研究［M］.北京：科学出版社，2016.

［4］罗明义，毛剑梅.旅游服务贸易理论——理论·政策·实务［M］.昆明：云南大学出版社，2007.

［5］吴必虎.区域旅游规划原理［M］.北京：中国旅游出版社，2001.

［6］［瑞典］伯蒂尔·俄林.区际贸易与国际贸易［M］.逯宇铎，等译.北京：华夏出版社，2008.

［7］［英］亚当·斯密.国民财富的性质和原因的研究［M］.郭大力，王亚南译.北京：商务印书馆，1979.

［8］［英］大卫·李嘉图.政治经济学及赋税原理［M］.周洁译.北京：华夏出版社，2013.

［9］Thompson G F. Between hierarchies and markets: The logic and limits of network forms of organization［M］. Oxford, UK: Oxford University Press,

2003.

［10］International Monetary Fund. Balance of Payments and International Investment Position Manual［M］.Washington，D.C.：Alicia Etchebarne-Bourdin，2009.

［11］United Nations，Statistical Office of the European Union，Internationl Monerary Fund，et al. Manual on Statistics of International Trade in Services 2010［M］.New York：United Nations publication，2011.

［12］Barnett A. G. Encyclopedia Of Social Networks［M］.London：Sage Publications，2007.

［13］马来西亚发展报告（2019），北京：社会科学文献出版社，2019.

［14］刘庆.中国与东盟旅游服务贸易研究综述［J］.环渤海经济瞭望，2019（9）.

［15］孙强，谢宇.社会网络分析视角下全球服务贸易发展失衡研究［J］.河北经贸大学学报，2019（3）.

［16］张存刚，李明，陆德梅.社会网络分析———一种重要的社会学研究方法［J］.甘肃社会科学，2004（4）.

［17］王文宇，贺灿飞.关系经济地理学与贸易网络研究进展［J］.地理科学进展，2022，41（3）.

［18］张凌云.适应新常态 把握新机遇 树立新观念 开拓新思路———对我国国际旅游收支逆差的再认识［J］.旅游学刊，2015，30（3）.

［19］田纪鹏.国内外旅游服务贸易逆差研究前沿与展望［J］.旅游学刊，2019，34（1）.

［20］金碚.产业国际竞争力研究［J］.经济研究，1996（11）.

［21］吴忠才.中国入境旅游对经济增长拉动作用的定量研究［J］.北京第二外国语学院学报，2007（9）.

［22］张丽峰.我国入境旅游和经济增长关系的统计检验［J］.统计与决

策，2008（21）.

［23］谭鹏成.入境旅游：基于福利恶化型增长视角的分析［J］.黑龙江对外经贸，2008（12）.

［24］戴学锋，巫宁.中国出境旅游高速增长的负面影响探析［J］.旅游学刊，2006（2）.

［25］梁琦.亚洲金融危机对国际旅游服务贸易的影响及对策思考［J］.国际贸易问题，1999（1）.

［26］蒋开明.上海旅游业与国际服务贸易——旅游市场新需求的探讨［J］.旅游科学，1998（1）.

［27］刘华.GATS与我国旅游服务贸易的进一步自由化［J］.国际经贸探索，2001（3）.

［28］徐虹，曲颖.我国旅游服务贸易竞争力提升策略探析［J］.国际经济合作，2008（07）.

［29］王劲松.开放条件下内生经济增长理论的研究进展［J］.数量经济技术经济研究，2007（10）.

［30］张明清，刘超.旅游产业国际竞争力的理论思考与竞争态势分析［J］.经济问题探索，2000（4）.

［31］雷平，施祖麟.我国出境旅游发展水平的国际比较研究［J］.旅游科学，2008（2）.

［32］章锦河，刘珍珍，陈静等.中国出境旅游与国际服务贸易关系分析［J］.地理科学，2012（10）.

［33］戴斌，蒋依依，杨丽琼，等.中国出境旅游发展的阶段特征与政策选择［J］.旅游学刊，2013，28（1）.

［34］宋芳秀.中国出入境旅游：特征、问题及对策［J］.国际贸易，2020（11）.

［35］程成，周泽奇，洪铠邦.入境旅游对国际贸易的门槛效应与国别差

异——基于"一带一路"沿线 41 个对象国人均收入的实证［J］.贵州财经大学学报，2020（5）.

［36］张明清，刘超.旅游产业国际竞争力的理论思考与竞争态势分析［J］.经济问题探索，2000（4）.

［37］赵书华，李辉.全球旅游服务贸易 9 强的国际竞争力的定量分析［J］.世界经济研究，2005（8）.

［38］冯学钢，赖坤.中国旅游业发展环境国际竞争力比较研究［J］.世界经济研究，2003（7）.

［39］周经，吕计跃.中国旅游服务贸易竞争力影响因素的实证分析［J］.国际贸易问题，2008（4）.

［40］董小麟，庞小霞.我国旅游服务贸易竞争力的国际比较［J］.国际贸易问题，2007（2）.

［41］廖万红.服务创新视角的中国—东盟旅游服务贸易研究［J］.广西民族大学学报（哲学社会科学版），2011，33（5）.

［42］蒋文.中国与东盟五国旅游服务贸易竞争力比较研究［J］.广西经济管理干部学院学报，2011，33（3）.

［43］刘荣春，刘土英，李文婷.中国与东盟四国旅游服务贸易国际竞争性与互补性研究［J］.金融教育研究，2020，33（6）.

［44］洪瑞恩，林媛媛.中国与印尼旅游服务贸易比较研究［J］.现代经济信息，2020（7）.

［45］李馨.CAFTA 旅游服务贸易制度新进展［J］.学术探索，2014（5）.

［46］刘娴，周青.中国—东盟旅游服务贸易制度保障路径优化探索［J］.改革与战略，2018，34（9）.

［47］李馨.中国—东盟自贸区旅游服务贸易壁垒研究——基于对 CAFTA 服务贸易第二批承诺表的观察［J］.山东社会科学，2014（5）.

［48］庞莲荣.中国与东盟旅游服务贸易失衡研究——"一带一路"战略

背景下［J］. 现代商贸工业，2016，37（16）.

［49］陈保霞. 中国—东盟旅游服务贸易一体化路径探讨［J］. 对外经贸实务，2020（4）.

［50］苏科五，李明星. 中国与东盟旅游服务贸易国际竞争力比较——基于面板数据的分析：1990~2006［J］. 河南师范大学学报（哲学社会科学版），2008，35（6）.

［51］赵多平，孙根年，苏建均. 欧洲七国入境中国旅游与进出口贸易的关系——1985—2009年的协整分析和Granger因果关系检验［J］. 世界地理研究，2011，20（4）.

［52］石张宇，周葆华，沈惊宏，等. 亚洲九国入境中国旅游与进出口贸易互动关系研究［J］. 资源科学，2015，37（9）.

［53］陈乔，靳诚. 贸易发展对旅游的溢出效应研究——基于中国—东盟的实证检验［J］. 数学的实践与认识，2021，51（5）.

［54］邓晓虹，黄满盈. 中国双边旅游服务贸易出口潜力：基于面板Tobit方法的实证［J］. 统计与决策，2022，38（9）.

［55］赵国钦，万方. 世界贸易网络演化及其解释——基于网络分析方法［J］. 宏观经济研究，2016（4）.

［56］邓晓虹，黄满盈. 基于扩展引力模型的中国双边金融服务贸易出口潜力研究［J］. 财经研究，2014，40（6）.

［57］田晖，蒋辰春. 国家文化距离对中国对外贸易的影响——基于31个国家和地区贸易数据的引力模型分析［J］. 国际贸易问题，2012（3）.

［58］戴卓. 国际贸易网络结构的决定因素及特征研究——以中国东盟自由贸易区为例［J］. 国际贸易问题，2012（12）.

［59］涂远芬. 中国双边服务贸易成本的测度及影响因素分析［J］. 国际商务（对外经济贸易大学学报），2016（1）.

［60］赵瑾. 全球服务贸易发展的基本格局与新特点［J］. 国际贸易，

2015（4）.

［61］姚梦汝，陈焱明，周桢津，等.中国—东盟旅游流网络结构特征与重心轨迹演变［J］.经济地理，2018，38（7）.

［62］韩剑磊，明庆忠，史鹏飞，等.多维"流"视角下区域旅游网络结构特征及其作用机制分析——以云南省为例［J］.世界地理研究，2021，30（3）.

［63］陈秀琼，黄福才.基于社会网络理论的旅游系统空间结构优化研究［J］.地理与地理信息科学，2006，22（5）.

［64］杨兴柱，顾朝林，王群.南京市旅游流网络结构构建［J］.地理学报，2007，62（6）.

［65］张妍妍，李君轶，杨敏.基于旅游数字足迹的西安旅游流网络结构研究［J］.人文地理，2014，29（4）.

［66］吴中堂，刘建徽，袁俊.大陆居民赴台湾自由行旅游流网络分析及演化研究［J］.旅游学刊，2016，31（10）.

［67］王娟，胡静，贾垚焱，等.城市旅游流的网络结构特征及流动方式——以武汉自助游为例［J］.经济地理，2012，32（9）.

［68］唐澜，吴晋峰，王金莹，等.中国入境商务旅游流空间分布特征及流动规律研究［J］.经济地理，2012，32（9）.

［69］刘法建，张捷，章锦河，等.中国入境旅游流网络省级旅游地角色研究［J］.地理研究，2010，29（6）.

［70］翁钢民，李凌雁.区域旅游流网络结构与环境响应研究——以京津冀地区为例［J］.地理与地理信息科学，2015，31（1）.

［71］周慧玲，许春晓.基于游记行程的湖南旅游流空间网络结构特征［J］.经济地理，2016，36（10）.

［72］潘峰华，赖志勇，葛岳静.经贸视角下中国周边地缘环境分析——基于社会网络分析方法［J］.地理研究，2015，34（4）.

［73］杨晨，王海鹏，韩庆潇．基于 SNA 方法的国际服务贸易网络结构特征及其影响因素识别——来自亚太地区的经验证据［J］．国际商务（对外经济贸易大学学报），2017（6）．

［74］文艳，孙根年，冯庆．国际旅游服务贸易比较优势动态演进及中国贸易平衡贡献［J］．资源科学，2021，43（8）．

［75］汪宇明．核心—边缘理论在区域旅游规划中的运用［J］．经济地理，2002，22（3）．

［76］保继刚，古诗韵．广州城市游憩商业区（RBD）的形成与发展［J］．人文地理，2002，17（5）．

［77］宋佳，李军，徐红罡，等．基于核心—边缘理论的中国旅游发展水平时空演化分析［J］．资源开发与市场，2013，29（9）．

［78］唐仲霞，马耀峰，马占杰．基于核心—边缘理论的入境旅游区域空间结构研究——以陕西省为例［J］．旅游论坛，2011，4（4）．

［79］黄金火，马晓龙．基于区域旅游合作的泛西安独立旅游目的地构建研究［J］．延边大学学报（社会科学版）2005，38（3）．

［80］焦美琪，杜德斌，桂钦昌，等．''一带一路''视角下城市技术合作网络演化特征与影响因素研究［J］．地理研究，2021，40（4）．

［81］周灿，曾刚，尚勇敏．演化经济地理学视角下创新网络研究进展与展望［J］．经济地理，2019，39（5）．

［82］刘晓燕，阮平南，李非凡．基于专利的技术创新网络演化动力挖掘［J］．中国科技论坛，2014（3）．

［83］周文韬，杨汝岱，侯新烁．世界服务贸易网络分析——基于二元/加权视角和 QAP 方法［J］．国际贸易问题，2020（11）．

［84］祝孔海．国际贸易理论演变及我国对外贸易政策的思考［J］．江西社会科学，2004（10）．

［85］刘丹丽，汪侠，吴小根，等．全球贫困国家旅游竞争力与经济发展

的耦合协调度及时空变化［J］.地理科学进展，2018，37（10）.

［86］王晓萱.中国与东盟服务贸易逆差研究——以旅游服务贸易为例［J］.时代金融，2016（33）.

［87］文艳，孙根年.旅游服务贸易国际分工及中国角色演化研究［J］.经济管理，2020，42（9）.

［88］种照辉，覃成林."一带一路"贸易网络结构及其影响因素——基于网络分析方法的研究［J］.国际经贸探索，2017，33（5）.

［89］邹永广."一带一路"中国主要节点城市旅游的经济联系——空间结构与合作格局［J］.经济管理，2017，39（5）.

［90］肖群鹰，刘慧君.基于QAP算法的省际劳动力迁移动因理论再检验［J］.中国人口科学，2007（4）.

［91］万伦来，高翔.文化、地理与制度三重距离对中国进出口贸易的影响——来自32个国家和地区进出口贸易的经验数据［J］.国际经贸探索，2014，30（5）.

［92］王勤.当代国际竞争力理论与评价体系综述［J］.国外社会科学，2006（6）.

［93］邓朝晖，刘洋，薛惠锋.基于VAR模型的水资源利用与经济增长动态关系研究［J］.中国人口·资源与环境，2012，22（6）.

［94］王彦芳，陈淑梅、高佳汇."一带一路"贸易网络对中国贸易效率的影响——兼论与TPP、TTIP、RCEP的比较［J］.亚太经济，2019（1）.

［95］严文韬，方友熙.RCEP下中国—东盟跨境电商合作的问题与路径［J］.国际商务财会，2021（9）.

［96］陈科.贸易自由化下的中国旅游服务贸易竞争力分析［D］.杭州：浙江工业大学，2007.

［97］李俊.论结构性贸易融资及其在中国的应用［D］.北京：对外经济贸易大学，2005.

[98]李振华.基于复杂性的企业协同竞争机制研究[D].天津：天津大学，2005.

[99]杨睿.基于协同学理论的思想政治教育方法创新研究[D].广西师范大学，2014.

[100]陈智宇.基于复杂网络理论的网络核心边缘结构算法研究及应用[D].四川：电子科技大学，2017.

[101]谭秋亚.中国—东盟自由贸易区对中国旅游服务贸易影响研究[D].贵州：贵州大学，2017.

[102]付雨佳.中国—东盟国际旅游服务贸易发展及其影响因素研究[D].北京：对外经济贸易大学，2021.

[103]尚修竹.我国旅游服务贸易竞争力及其区域差异研究[D].山东：中国海洋大学，2015.

[104]任丽娟.河南省旅游服务贸易竞争力提升对策研究[J].河南机电高等专科学校学报，2015，23（1）.

[105]Brian Hindley, Alasdair Smith.Comparative Adcantage and Trade in Services[J].The World Economy, 1984, 7（4）.

[106]Jie Zhang, Camilla Jensen.Comparative advantage：Explaining Tourism Flows[J].Annals of Tourism Research, 2007, 34（1）.

[107]Jacint Balaguer, Manuel Cantavella-Jordá.Tourism as a long-run economic growth factor：the Spanish case[J].Applied Economics, 2002, 34（7）.

[108]Ramesh Durbarry.The Economic Contribution of Tourism in Mauritius[J]. Annals of Tourism Research, 2002, 29（3）.

[109]N. Kulendran, Kenneth Wilson.Is there a relationship between international trade and international travel?[J].Applied Economics, 2010, 32（8）.

[110] L. Rubalcaba, D. Gago.Relationships between Services and Competitiveness: The Case of Spanish Trade [J].The Service Industries Journal, 2001, 21 (1).

[111] Fernando J. Garrigós Simón, Yeamduan Narangajavana, Daniel Palacios Marqués.Carrying Capacity in the Tourism Industry: a Case Study of Hengistbury Head [J]. Tourism Management, 2004, 25 (2).

[112] Sarath Divisekera. Economics of tourist's consumption behaviour: Some evidence from Australia [J].Tourism Management, 2010, 31 (5).

[113] Lee Tae Sook, Kim Chulwon.Developing a Brand Personality Scale for Tourism Destination [J].Journal of Tourism Sciences, 2009, 33 (3).

[114] J. R. Brent Ritchie, Geoffrey I. Crouch.The competitive destination: A sustainability persepective [J].Tourism Management, 2000, 21 (1).

[115] Keith Dewar. Tourism Today: A Geographical Analysis [J].Annals of Tourism Research, 1996, 23 (3).

[116] Syed Abdul Rehman Khan, Dong Qianli, Wei SongBo, et al. Travel and tourism competitiveness index: The impact of air transportation, railways transportation, travel and transport services on international inbound and outbound tourism [J].Journal of Air Transport Management, 2017, 58.

[117] David Snyder, Edward Kick.Structural position in the world system and economic growth, 1955—1970: a multiple-network analysis of transnational inteRCAtions [J].American Journal of Sociology, 1979, 84 (5).

[118] Carlaschelli D, Loffredo M. Patterns of link reciprocity in directed networks [J].Physical Review Letter, 2004, 93 (26).

[119] Fagiolo G., Jacier R., Setfano S. The evolution of the world trade web: A weighted-network analysis [J].Journal Of Evolution Economics, 2010, 20 (4): 479-514.

［120］Diego Garlaschelli, Maria I. Loffredo.Structure and evolution of the world trade network［J］.Physica A: Statistical Mechanics and ite Applications, 2005, 355（1）.

［121］Rauch,JE,Watson J. Network intermediaries in international trade.［J］.Journal of Econimics&Management Strategy, 2004, 13（1）.

［122］Luca De Benedictis, Lucia Tajoli.Similarity in trade structures, integratiom and catching-up［J］.Economics of Transition, 2008, 16（2）.

［123］H. L. Xu, L Cheng. The QAP weighted network analysis method and its application in international services trade［J］.Physica A: statistical Mechanics and its Applications, 2016, 448.

［124］Schiavo S., Reyes J., Fagiolo G. International Trade and Financial Integration: A Weighted Network Analysis［J］.Quantitative Finance, 2010, 10（4）.

［125］Cassi L., Morrision A., Ter Wal A. L. J. The Evolution of Trasw and Scientific Collaboration Nerworks in the Global Wine Sector: A Longitudinal Study Using Network Analysis［J］.Economic Geography, 2012, 88（3）.

［126］Frank Schweitzer, Giorgio Fagiolo, Didier Sornette, et al. White. Economic Networks; the New Challenges［J］.Science, 2009, 325（5939）.

［127］Tadesse, Bedassa; White, Roger.Cultural distance as a determinant of bilateral trade flows: do immigrants counter the effect of cultural differences?［J］. APPLIED ECONOMICS LETTERS, 2010, 17（2）.

［128］Gani A., Clemes M. D. Modeling the effect of the domestic business environment on services trade［J］.Economic Modelling, 2013, 35（5）.

［129］Guillin A. Trade in Services and Regional Trade Agreements: Do Negotiations on Services Have to be Specific?［J］.World Economy, 2013, 36（11）.

[130] Hsin-Yu Shih. Network chaRCAteristics of drive tourism destinations: An application of network analysis in tourism [J] .Toutism Management, 2006, 27 (5).

[131] Noel Scott, Chris Cooper, Rodolfo Baggi. Destination Networks: Four Australian Cases [J] .Annals of Tourism Reseatch, 2008, 35 (1).

[132] Alvin Chua, Loris Servillo, Ernesto Marcheggiani. Mapping Cilento: Using geotagged social media data to chaRCAterize tourist flows in southern Italy [J] .Tourism Management, 2016, 57.

[133] Miossec, J. M. Elements pour une Theorie de1' Escape Touristique [J]. Les Cahiers Du Tourisme, C -3, CHET, Aix - en - provence, 1976.

[134] Gormsen E. The spatio-temporal development of international tourism: attempt at a center-periphery model [J]. In La Consommation D' espace Par le Tourism et sa Preservation, chet, Aix –en-Provence, 1981.

[135] Hills T. L., Lundgren J. The impacts of tourism in the Caribean, A methodological study [J]. Annals of Tourism Research. 1977, 4 (5).

[136] Weaver D. Peripheries of the periphery: Tourism in Tobago and Barbuda [J]. Annals of Tourism Research, 1998, 25 (2).

[137] V Smith. Anthropology and Tourism-A science-Industry Evaluation [J] .Annals of Tourism Research, 1980, 7 (1).

[138] Boschma R. A., Lambooy J. G. Evolutionary economics and economic geography [J]. Journal of Evolutionary Economics, 1999, 9 (4).

[139] S. P. Borgatti, M. G. Everett. Models of core/periphery structures [J]. Social Networks, 2000, 21 (4).

[140] M. R. D. Sliva, H. Ma, A. P. Zeng. Centrality, Network Capacity, and Modularity as Parameters to Analyze the Core-Periphery Strycture in Metabolic Networks [J]. Proceedings of the IEEE, 2008, 96 (8).

[141]F. D. Rossa, F. Dercole, C. Piccardi. Profiling core-periphery network structure by random walkers [J]. Scientific reports, 2013, 3 (1467).

[142]M. P. Rombach, M. A. Porter, J. H. Fowler, et al. Core-Periphery Structure in Nerworks [J]. SIAM Journal on Applied Mathematics, 2014, 74 (1).

[143]Fernández J. A. S., Azevedo P. S., Martín J. M. M., et al. Determinants of tourism destination competitiveness in the countries most visit-ed by international tourists: Proposal of a synthetic index [J]. Tourism Management Perspectives, 2020, 33.

[144]Otte E., Rousseau R. Social network analysis: a powerful strategy, also for the information sciences [J]. Journal of Information Science, 2002 (28).

[145]Chanery T. The Network Structure of International Trade [J]. The American Tconomic Review, 2014, 104 (11).

[146]Hariolf G. The measurement of technical performance of innovations by technometrics and its impact on established technology in-dicators [J]. Measurement of Innovationsby Technometncs, 1994, 23 (2).

[147]Vollrath T. L. A theoretical evaluation of alternative trade intensity measures of revealed comparative advantage [J]. Review of World Economics, 1991, 127 (2).

[148]Dalum B., Laursen K., Villumsen G. Structural change in OECD ex-port specialisation patterns: De- specialisation and "stickiness" [J]. International Review of Applied Economics, 1998, 12 (3).

[149]Granger C. W. J. Some Properties of Time Series Data and Their Use in Econometric Model Specification [J]. Journal of Econometrics, 1981, 16.